CATALOGUE DE LA BIBLIOTHÈQUE

DE LA

SOCIÉTÉ FRANÇAISE DE PHYSIQUE

(LISTE DES OUVRAGES REÇUS JUSQU'AU 1er JANVIER 1893).

CATALOGUE DE LA BIBLIOTHÈQUE

DE LA

SOCIÉTÉ FRANÇAISE DE PHYSIQUE.

(LISTE DES OUVRAGES REÇUS JUSQU'AU 1er JANVIER 1893) ([1]).

Abbadie (Ant. d'). — La fluctuation des latitudes terrestres, lettre à M. Radau (Extr. *Bull. Astron.*, mars 1892); br. in-8°.

Abdank-Abakanowicz. — Les intégraphes. La courbe intégrale et ses applications. Étude sur un nouveau système d'intégrateurs mécaniques. Paris, Gauthier-Villars, 1886; 1 vol. in-8°.

Abria. — Théorie élémentaire du potentiel électrique (Extr. *Mémoires de la Soc. des Sciences phys. et nat. de Bordeaux*, 1876); br. in-8°.

Allard, Le Blanc, Joubert, Potier et H. Tresca. — Expériences faites à l'Exposition d'Électricité. — Méthodes d'observations. Machines et lampes à courant continu. Lampes à incandescence. Accumulateur. Transport électrique du travail. Machines diverses. Paris, Gauthier-Villars, 1883; in-8°.

Almanach-Annuaire de l'Électricité et de l'Électrochimie, publié par Firmin Leclerc. — Années 1890, 1891 et 1892, 3 vol.; in-18.

Almeida (J.-Ch.). — Sur la décomposition par la pile des sels dissous dans l'eau (Thèse). Paris, Martinet, 1856; br. in-4°.

— Sur la décomposition par la pile des sels dissous dans l'eau (Extr. *Ann. de Chim. et Phys.*, 3e série, t. XXXXI; 1857); br. in-8°.

— Du zinc amalgamé et de son attaque par les acides (Extr. *Comptes rendus des séances de l'Académie des Sciences*, 1869; br. in-4°.

Acworth (J.-J.). — Beziehung zwischen Absorption und Empfindlichkeit sensibilisirten Platten (Ext. *Ann. der Phys.*, 1891); br. in-8°.

American Journal of Science (The). — T. XXV (1883) à t. XLIV, 1892; 19 vol. in-8°.

Annalen der Physik und Chemie (Fünfte Reihe). — Herausgegeben zu Berlin von J.-C. Poggendorff, t. CXLVIII (1873) à CLX (1877); 13 vol. in-8°.

([1]) La liste des Ouvrages reçus après le 1er janvier 1893 sera publiée chaque année à la fin du *Bulletin des Séances.*

1

Annalen der Physik und Chemie (Neue Folge). — Der ganzen Folge zweihundert und siebenunddreissigster. Unter Mitwirkung der Physikalischen Gesellschaft zu Berlin und insbesondere des Herrn H. Helmholtz herausgegeben von G. Wiedemann, t. I (1877) à XLVII (1892); 47 vol. in-8°.

Annales de Chimie et de Physique. — 4° série, t. XXVII à XXX (1873); 5° série, t. I (1874) à XXX (1883); 6° série, t. I (1884) à XXVII (1892); 60 vol. in-8°.

Annales de l'École Polytechnique de Delft. — T. I (1885) à VII (1891); 7 vol. in-4°.

Annales de l'Institut météorologique de Roumanie, publiées par M. Stefan C. Hepites. Années 1888 et 1889; in-4°.

Annales scientifiques de l'École Normale supérieure, publiées sous les auspices du Ministre de l'Instruction publique par un Comité de rédaction composé de MM. les Maîtres de Conférences de l'École. — 2° série, t. II (1873) à XII (1883), et 3° série, t. I (1884) à V (1888); 16 vol. in-4°.

Annales scientifiques de l'École Normale supérieure. — Table des matières contenues dans les deux premières séries (1864-1883); 1 br. in-4°.

Annales télégraphiques. — 3° série, t. I (1874) à XIX (1891); 19 vol. in-8°.

Annales télégraphiques. — Table générale par ordre alphabétique et signalétique des matières et des auteurs. Années 1855 à 1890. Rédigée par ordre de M. le Directeur général des Postes et des Télégraphes et sur la demande du Comité de rédaction, par M. H. Pelletier. Paris, V° Dunod, 1891; 1 vol in-8°.

Annuaire de l'Observatoire de Montsouris. — Années 1873 à 1879; et années 1880, 1882, 1883, 1885; 11 vol. in-18.

Annuaire du Bureau des Longitudes. — Années 1879, 1884, 1886, 1889, 1890; 5 vol. in-18.

Annuaire de la Société des Ingénieurs civils. — Années 1891 et 1892; 2 vol. in-8°.

Annuaire du Génie civil. — Année 1884; 1 vol. in-8°.

Annual Report of the Board of Regents of the Smithsonian Institution to July 1889; 1890. 2 vol. in-8°.

Annual Report of the Board of Regents of the Smithsonian Institution. Report of the U. S. National Museum, for the year ending June to 1889. 1 vol. in-8°.

Archives des Sciences physiques et naturelles de Genève. — 3° période, t. I (1878) à XXV (1891); 25 vol. in-8°.

Armengaud et Vanoni. — Visite à l'Exposition de Vienne en 1883; br. in-8°.

Arnoux (René). — Note sur les rendements mécaniques et électriques obtenus dans les diverses expériences de Creil; br. in-8°.

— Notice sur la nouvelle machine à disque de M. Desroziers (Ext. *Électricien,* 1888); br. in-8°.

Arons (L.). — Ueber den electrischen Rückstand (Extr. *Ann. der Phys. und Chemie.* Band XXXV; 1888); br. in-8°.

Arsonval (d'). — Notice sur la nouvelle étuve et le nouveau régulateur; br. in-18.

Arzuni (A.). — Ueber die Ergebnisse der Forschung auf dem Gebiete der chemischen Krystallographie (Extr. *Zeitschrift der deutschen geologischen Gesellschaft,* 1877); br. in-8°.

Association amicale des anciens Élèves de l'École Centrale des Arts et Manufactures, groupe de Paris (Seine-et-Oise) : Conférences. Visites à l'Exposition universelle de 1889. Paris, Maine, 1890; br. in-8°.

Ayrton (W.-E.). — The mirror of Japan and its magic quality (Extr. *Roy. Inst. of Great Britain,* 1879); in-8°.

— The electrical properties of bees'-wax and lead chloride (Extr. *Philosophical Mag.,* 1878); br. in-8°.

Ayrton (W.-E.) and **Perry (John).** — Experiments on the heat conduction in stone based on Fourier's « Théorie de la chaleur » (Extr. *Asiatic Society of Japan,* 1878); br. in-8°.

— The magic mirror of Japan (Extr. *Proceedings of the Roy. Soc.,* 1878); br. in-8°.

— The resistance of galvanometer coils (Extr. *Soc. of Telegraph Engineers,* 1878); br. in-8°.

— The resistance of the arc of the electric light (Extr. *Soc. of Telegraph Engineers,* 1878); br. in-8°.

Baille (J.-B.). — Détermination de l'ohm. Étude de la méthode de l'amortissement des aimants (Extr. *Annales télégr.,* 1884); br. in-8°.

Ball (W.). — On the collection of the fossil mammalia of Ireland in the Science and Art Museum Dublin (Ext. *Trans. of Roy. Soc. Dublin;* br. in-4°.

Bandsept (Albert). — Éclairage intensif par le gaz. Phénomènes qui accompagnent la production de la lumière. Paris (Extr. *Moniteur indust.,* 1883); br. in-8°.

— Nouveau brûleur pour le gaz (bec tourbillon). Bruxelles, Verteneuil, 1886; br. in-8°.

— Éclairage intensif et divisé par le gaz : lampes et becs gazo-multiples. Bruxelles, Verteneuil, 1890; br. in-8°.

— Grand concours des Sciences et de l'Industrie. Bruxelles, 1888. — Notice sur le concours 47 (Électricité). (Extr. *Chronique des Travaux publics*); br. in-12.

— Inducteurs dynamo-électriques (aéro et hydro) et pyro-électriques. Bruxelles, H. Maus, 1889; br. in-8°

— La transmission de la force expliquée par l'analogie entre les phénomènes électriques et les actions mécaniques (Extr. *Revue générale d'Électricité*). Bruxelles, Verteneuil, 1883; br. in-8°.

— La raction électrique au moyen des accumulateurs (Extr. *Bull. tech. de la Société des anciens élèves des Écoles nat. d'Arts et Métiers*, 1887); br. in-8°.

— Les accumulateurs électriques et la mécanique de l'électrolyse. Bruxelles, V. Verteneuil, 1884; br. in-8°.

— Mouvement. Limitation. La forme des corps répond à leur mouvement Bruxelles, V. Verteneuil, 1886; br. in-8°.

— Sur une nouvelle forme de lame-support pour accumulateur (Extr. *Bull. de la Soc. int. des Élect.*, 1886); br. in-8°.

— Système de traction électrique pour voies étroites à profils en courbe et rampes très prononcées. Bruxelles, H. Maus, 1889; br. in-8°.

— La ventilation par l'éclairage au gaz (Extr. *Bull. tech. de la Société des anciens élèves des Écoles nat. d'Arts et Métiers*, oct. 1879); br. in-8°.

Barboux (Henri). — Affaire Mimault. Plaidoirie pour Mme Ve Reynaud. Paris, Maulde et Cie, 1884; br. in-4°.

Baron (H.) und Foullon. — Krystallogenetische Beobachtungen; br. in-4°.

Barrault (Émile). — Les inventeurs et les lois pour les patentes d'invention dans la Grande-Bretagne (Angleterre, Écosse, Irlande, îles du Canal et îles de Man). Textes, règles et commentaires. Paris, Auteur, 1879; br. in-12.

Becquerel (Henri). — Recherches sur l'absorption de la lumière (Thèse). Paris, Gauthier-Villars et fils, 1888; br. in-4°.

Barthelemy (A.). — Étude théorique et expérimentale sur les plaques et membranes de forme elliptique. Toulouse, Douladoure, 1877; in-4°.

Bedos (Ph.). — Les quantités électriques et leurs unités. — Conférence faite au Cercle des officiers à Carcassonne le 9 février 1891. Paris, Nony et Cie, 1891; br. in-8°.

Beiblätter zu den Annalen der Physik und Chemie, herausgegeben, unter Mitwirkung befreundeten Physiker, von G. und E. Wiedemann, 1883 à 1891; 9 vol. in-8°.

Bell (Alexander Graham). — Memoir upon the formation of a deaf variety of the humane race (*National Academy of Sciences at New Haven*, 13 november 1883); br. in-4°.

Bellati (Manfredo). — Alcune ricerche elettriche sui seleniuri di rame e d'argento Cu^2Se, Ag^2Se (Extr. *Atti R. Istituto veneto di Sc., Lett. ed Arti.* 6e série, t. VI; 1877).

— Sul valore dell' effetto Peltier in una coppia ferro-zinco (Extr. *Atti R. Ist. veneto*, 5e série, t. V); br. in-8°.

— Sopra una nuova forma di elettrodinamometro (Extr. *Atti R. Ist. veneto*, 6e série, t. III); br. in-8°.

— Sulla densita e sulla tensione superficiale delle soluzioni di anidride carbonica e di protossido di azoto nell' acqua e nell' alcool (Extr. *Atti R. Istituto veneto,* 6ᵉ série, t. VII; 1889); in-8°.

Bellati (M.) et **Naccari (A.).** — Sul riscaldamento dei corpi isolanti solidi e liquidi in causa di successive polarizzazioni elettrostatiche. Torino, E. Lœscher, 1882; in-8°.

Bellati (M.) et **Lussana (S.).** — Alcune esperienze sull' occlusione dell' idrogeno nel nickel (Ext. *Atti R. Istituto veneto,* 1889); br. in-8°.

— Alcune ricerche elettriche sui seleniuri di rame e d'argento Cu^2Se, Ag^2Se (Ext. *Atti R. Ist.,* 6ᵉ série, t. VI); br. in-8°.

— Alcune ricerche sull' occlusione del idrogeno nel ferro e sulla tenacita di qualche metallo che abbia assorbito un gas (Extr. *Atti R. Ist. veneto,* t. VII; 1889); br. in-8°.

— Azione della luce sulla conducibilita calorifica del selenio cristallino (Ext. *Atti del R. Ist.,* 6ᵉ série, t. V); br. in-8°.

— Sul passaggio dell' idrogeno nascente attraverso il ferro a temperatura ordinaria. Studio sperimentale (Ext. *Atti R. Ist. veneto,* 7ᵉ série, t. I); br. in-8°.

— Sul passaggio di correnti elettriche attraverso cattivi contatti. Ricerche sperimentali (Ext. *Atti R. Ist. veneto,* t. VI; 1888); br. in-8°.

— Appendice alla Nota sul passaggio dell' idrogeno nascente attraverso il ferro a temperatura ordinaria. Venezia, Antonelli, 1891; br. in-8°.

— Sul modo con cui varia la temperatura di trasformazione del nitro per l'aggiunta di nitrati, e Sul nesso di tale variazione coll' abbassamento del punto di gelo delle soluzioni diluite. Ricerche sperimentali (Ext. *Atti R. Istituto veneto,* 7ᵉ série, t. II, 1891); br. in-8°.

Bellati (M.) et **Romanese.** — Sulla dilatazione e sui calori specifici e di trasformazione dell' azotato ammonico (Ext. *Atti R. Ist. veneto,* 6ᵉ série, t. VI); br. in-8°.

— Proprieta thermiche notevoli di alcuni ioduri doppi. Ricerche fisiche (Ext. *Atti R. Ist. veneto,* 5ᵉ série, t. VI); br. in-8°.

— Sul calore di trasformazione da uno ad altro sistema cristallino dell' azotato potassico (Ext. *Atti R. Ist. veneto,* 6ᵉ série, t. III); br. in-8°.

Benavides (Francisco da Fonseca). — Mémoire sur la vitesse de propagation des flammes. Lisbonne, imp. de l'Acad. royale, 1880; br. in-8°.

Benoît (René). — Construction d'étalons prototypes de l'ohm légal (Ext. des *Annales télégr.,* 1884; br. in-8°.

— Mesures de dilatation et comparaison des règles métriques (Ext. de la Iʳᵉ Partie du t. II et du t. III des *Trav. et Mém. du Bureau int. des Poids et Mesures,* 1883-1884, 2 vol. in-4°.

— Études sur l'appareil de M. Fizeau pour la mesure des dilatations appartenant au Bureau international des Poids et Mesures (Ext. de la Iʳᵉ Partie du t. I des *Trav. et Mém. du Bureau int. des Poids et Mesures,* 1881, br. in-4°.

— Nouvelles études et mesure de dilatations par la méthode de Fizeau (Ext. des *Trav. et Mém. du Bureau int. des Poids et Mesures*, t. VI). Paris, Gauthier-Villars et fils, 1888; br. in-4°.

Berget (Alph.). — La Photographie des couleurs, d'après la méthode de M. Lippmann. Paris, Gauthier-Villars et fils, 1891; br. in-12.

— Sur la conductibilité thermique du mercure et de quelques métaux (Thèse). Paris, Carré, 1888; in-4°.

Berget (A.) et **Chappuis (J.).** — Leçons de Physique générale. Paris, Gauthier-Villars et fils, 1891; 3 vol. in-8°.

Bergonié (J.). — Phénomènes physiques de la phonation (Thèse pour l'agrégation des Sciences physiques. Fac. de Médecine). Paris, Baillière, 1883; br. in-8°.

— La Physique en Médecine, son enseignement, son influence. Leçon inaugurale faite à la Faculté de Médecine et de Pharmacie de Bordeaux, le 20 novembre 1890. Bordeaux, Féret et fils, 1890; br. in-8°.

Bergonié (J.) et **Moure (E.-J.)** — Du traitement par l'électrolyse des déviations et éperons de la cloison du nez. Paris, Doin; 1892; br. in-8°.

Bert (Paul). — La pression barométrique. Recherches de Physiologie expérimentale. Paris, G. Masson, 1878; 1 vol. in-8°.

Berthelot et **Ruelle (Ch.-Ed.).** — Collection des anciens alchimistes grecs. Publiée sous les auspices du Ministère de l'Instruction publique. Paris, Steinheil, 1881; 1 vol. in-4°.

Bjerknes (C.-A.). — Étude sur ses travaux (Ext. des *Grandes usines*). Paris, 1881; br. in-4°.

Bjerknes (V.). — Ueber die Dämpfung schneller electrischer Schwingungen (Extr. *Ann. der Phys.*, 1891); br. in-8°.

— Ueber die Erscheinung der multiplen Resonanz electrischer Wellen (Extr. *Ann. der Phys.*, 1891); br. in-8°.

Blaserna (P.). — Le son et la musique, suivis des causes physiologiques de l'harmonie musicale, par H. Helmholtz. Paris, G. Baillière, 1877; 1 vol. in-8°.

Blavier (E.-G.). — Étude des courants telluriques, publiée par ordre de M. le Ministre des Postes et des Télégraphes. Paris, Gauthier-Villars, 1884; br. in-4°.

— Influence des orages sur les lignes souterraines (Ext. *Ann. télég.*, 1885); br. in-8°.

— Des grandeurs électriques et de leur mesure en unités absolues. Paris, Dunod, 1881; 1 vol. in-8°.

— Capacité électrostatique et résistance de l'espace compris entre deux cylindres parallèles à base circulaire (Ext. *Ann. télégr.*, 1882). Paris, Dunod; br. in-8°.

— Des grandeurs électriques et de leur mesure en unités absolues. Paris, Dunod. 1881; 1 vol. in-8°.

Bobileff. — Mécanique analytique (en russe), t. II. Saint-Pétersbourg, 1884; 1 vol. in-8°.

— Sur la déperdition de l'électricité dans les gaz. Saint-Pétersbourg, 1873; br. in-8°.

— Hydrostatique et théorie d'élasticité (en russe). Saint-Pétersbourg, 1886; in-4°.

Bœddicker (Otto). — Notes on the aspect of the planet Mars in 1884. Accompanied by sketches made at the Observatory Birr Castle (Extr. *The Trans. scientific of the Royal Society of Dublin,* vol. III, 2° série, 1885); br. in-4°.

— Notes on the physical apparence of the planet Mars during the opposition in 1881. Accompanied by sketches at the Observatory Birr Castle (Extr. *The Trans. scientific of the Royal Society of Dublin,* vol. I, 2° série, 1882); br. in-4°.

— On the changes of the radiation of heat from the mond during the total eclipse of 1884, october 4, as measured at the Observatory Birr Castle (Extr. *The Trans. scientific of the Royal Society of Dublin,* vol. III, 2° série, 1885); br. in-4°.

— On the influence of magnetism on the rate of chronometer (Extr. *The Trans. scientific of the Royal Society of Dublin,* vol. III, 2° série, 1883).

Boletin de la Sociedad nacional de Mineria Santiago de Chile. — Années 1890 et 1891; in-4°.

Boletin mensual del Observatorio meteorologico del Colegio pio de Villa Colon. — Année 1891; in-4°.

Bontems (E.). — De la méthode dans l'étude de l'hypnotisme. Paris, Baudoin, 1888; br. in-8°.

Börnstein (Dr Richard). — Der Einfluss des Lichtes auf den elektrischen Leitungswiderstand von Metallen (Thèse). Heildelberg, C. Winter, 1877; br. in-8°.

Börnstein (Dr Richard) und **Landolt (Dr H.)**. — Physikalisch-chemische Tabellen. Berlin, J. Springer, 1883; 1 vol. in-8°.

Borgman (I.). — La résistance galvanique des charbons sous différentes températures (en russe). Saint-Pétersbourg, 1877; br. in-8°.

Bosscha (I.). — Relation des expériences qui ont servi à la construction de deux mètres étalons comparés directement avec le mètre des Archives. (Rapport présenté au Ministère des Travaux publics, du Commerce et de l'Industrie par la Commission néerlandaise). Leyde, E.-J. Brill, 1886; 1 vol. in-4°.

Bothe (Ferd.). — Physikalisches Repertorium oder die wichtigsten Sätze der elementaren Physik. Braunschweig, Fr. Vieweg, 1871; 1 vol. in-18.

Boulanger (J.). — Sur l'emploi de l'électricité pour la transmission du trav à distance. Paris, Gauthier-Villars, 1877; br. in-8°.

— Sur les progrès de la Science électrique et les nouvelles machines d'induction. Paris, Gauthier-Villars, 1885; 1 vol. in-8°.

Bouant (Emile). — Nouveau dictionnaire de Chimie illustré de figures intercalées dans le texte, comprenant les applications aux Sciences, aux Arts, à

'Agriculture et à l'Industrie. 1ᵉʳ fascicule. (A-Chaleur) avec 84 figures. Paris, J.-B. Baillière, 1887; br. in-8°.

Bourbouze. — Soudure de l'aluminium (Ext. *Comptes rendus de l'Acad. des Sc.*, 1884); br. in-4°.

Bourgougnon (G.). — Notice sur la cuvette-laboratoire pour développer et fixer les clichés au gélatinobromure d'argent sans laboratoire spécial et en pleine lumière. Paris, J. Michelet, 1887; in-18.

Bouty (**E.**). — Sur la conductibilité électrique des dissolutions salines ou acides de concentration moyenne (Ext. *Ann. de Ch. et de Phys.*, mai 1888); br. in-8°.

Bouty et **Jamin.** — Cours de Physique de l'École Polytechnique. 4° édition, augmentée et entièrement refondue. Paris, Gauthier-Villars et fils, 1891; 5 vol. in-8°.

Boys (**C.-V.**). — Experiments with Soap-bubbles (Ext. *Phys. Soc.*, avril 1888); br. in-8°.

— The radio-micrometer (Ext. *Proceedings of the R. Soc.*, t. 44, 1888); br. in-8°.

— Bulles de savon. Traduit par *Ch.-Ed. Guillaume.* Paris, Gauthier-Villars et fils, 1892; in-12.

Broch (Dʳ **O.-J.**). — Accélération de la pesanteur sous différentes latitudes et à différentes altitudes (Extr. *Trav. et Mém. du Bureau int. des Poids et Mesures*). Paris, Gauthier-Villars; in-4°.

— Tables métrologiques (Extr. *Trav. et Mém. du Bureau int. des Poids et Mesures*, Iʳᵉ Partie, t. I, 1881); br. in-4°.

— Dilatation du mercure (Extr. *Trav. et Mém. du Bureau int. des Poids et Mesures*, IIᵉ Partie, t. II, 1883). Paris, Gauthier-Villars; in-4°.

— Tabeller til brug ved metronomiske undersogelser. Kristiania, Carl-Werner et C°, 1877; br. in-8°.

— Note sur l'étalonnage des sous-divisions d'une règle, sur l'étude des erreurs progressives d'une vis micrométrique et sur le calibrage des thermomètres (Extr. *Trav. et Mém. du Bureau int. des Poids et Mesures*, Iʳᵉ Partie, t. V). Paris, Gauthier-Villars, 1886; br. in-4°.

— Rapport de la Commission mixte chargée de la comparaison du nouveau prototype du kilogramme avec le kilogramme des Archives de France (Extr. *Trav. et Mém. du Bureau int. des Poids et Mesures*, Iʳᵉ Partie, t. V, 1885). Paris, Gauthier-Villars; in-4°.

— Undersögelse af Meteren II. Skjœnket den norske justerbestyrelse i 1885. Kristiania. W.-C. Fabritius, 1886; br. in-8°.

— Vérification de quelques étalons anglais, du kilogramme, de l'once troy et de la livre avoir-du-poids (Extr. *Trav. et Mém. du Bureau int. des Poids et Mesures*, Iʳᵉ Partie, t. V). Paris, Gauthier-Villars, 1885; in-4°.

Brown (H.) — Comparative danger to life of the alternating and continuous electrical currents. New-York, 1889; in-12.

Brunhes (J.). — Eloge de P.-A. Daguin (Ext. *Mém. de l'Ac. des Sc. de Toulouse,* 2ᵉ sem. 1885); br. in-8°.

— Recherches expérimentales sur le passage des liquides à travers les substances perméables et les couches filtrantes. Toulouse, Douladoure-Privat, 1881; 1 vol. in-8°.

— Sur deux sortes de verglas observés à Dijon, 1892; br. in-8°.

— Esquisse des progrès de la Physique dus aux savants de la Bourgogne (Extr. *Mém. de l'Acad. de Dijon,* t. II, 4ᵉ série, 1891); br. in-8°.

Brillouin (M.). — Intégration des équations différentielles auxquelles conduit l'étude des phénomènes d'induction dans les circuits dérivés. (Thèse). Paris, Gauthier-Villars, 1880; in-4°.

Buchan (A.). — Meteorology of Ben Newis (Extr. *Trans. of the Royal Society of Edinburg,* vol. XXXIV); br. in-8°.

Buchin, Tricoche et Cⁱᵉ. — Note sur la construction des paratonnerres. Paris, Chaix, 1887; br. in-8°.

Bulletin de la Société internationale des Electriciens, t. I (1884) à IX (1892); 8 vol. in-4°.

Bulletin de la Société minéralogique de France, t. I (1878) à XIV (1891) et Table des tomes I à X; in-8°.

Bulletin de la Société Philomathique de Paris, 7ᵉ série, t. V à XII (1880-1888) et 8ᵉ série, t. I à IV (1888-1892).

— Table générale par noms d'auteurs des articles contenus dans les 5ᵉ, 6ᵉ et 7ᵉ séries (1836-1888); in-8°.

Bulletin de la Société des Sciences, Lettres et Beaux-Arts de Cholet et de l'arrondissement. — Année 1887. Cholet, Farré, 1888; 1 vol. in-4°.

Bulletin de la Société vaudoise des Sciences naturelles, 2ᵉ série, t. XVII (1881) à XXII (1889) et 3ᵉ série, t. XXIII (1888) à XXVII (1891); 28 vol. in-8°.

Bulletin des Sciences physiques, publié par les soins de l'Association amicale des élèves et anciens élèves de la Faculté des Sciences de Paris. Tomes I à IV (1888 à 1892). Paris, Carré; in-8°.

Bulletin international de l'Académie des Sciences de Cracovie. — Comptes rendus des séances des années 1889 à 1892; 5 vol. in-8°.

Bulletin international de l'électricité. — Années 1880 à 1892; 12 vol. in-4°.

— Physical observations of Mars 1879-1880 (Extr. *The Sc. Trans. of the Royal Society Dublin,* vol. I, new Series, 1880; br. in-4°.

Burton (C.-E.). — Notes on the aspect of Mars in 1882 (Extr. *The Sc. Trans. of the Royal Soc. Dublin,* vol. I, new series, 1883); br. in-4°.

Cabanellas. — Organisation automatique du transport et de la distribution de l'énergie (Congrès international des Électriciens. Paris, 1881). Paris, Imprimerie nationale, 1881 ; br. in-4°.

Calliburcès (P.). — Recherches expérimentales sur l'influence du traitement pneumatique sur la fermentation des jus sucrés. Paris, Savy, 1884 ; br. in-8°.

Carvallo (E.). — Influence du terme de dispersion de Briot sur les lois de la double réfraction (Thèse). Paris, Gauthier-Villars et fils, 1890 ; br. in-4°.

Caspari (E.). — Congrès international de chronométrie : Comptes rendus des travaux, Procès-Verbaux et Mémoires, publiés sous les auspices du Bureau du Congrès. Paris, Gauthier-Villars et fils, 1891 ; 1 vol. in-4°.

— Recherches sur les chronomètres et les instruments nautiques. Paris, Imprimerie nationale, 1876 ; 1 vol. in-8°.

— Cours d'Astronomie pratique. Application à la Géographie et à la Navigation. Paris, Gauthier-Villars et fils, 1888 ; Ire et IIe Parties, 2 vol. in-8°.

— Phares électriques. Rapport de la Commission nautique spéciale. Paris, 1886 ; br. in-4°.

Cassagnes (G.-A.). — La sténo-télégraphie (Extr. *Comptes rendus des séances de l'Académie des Sciences*, décembre 1886) ; br. in-4°.

Cazin (A.). — Traité théorique et pratique des piles électriques. Mesure des constantes des piles. Unités électriques. Description et usage des différentes espèces de pile. Annoté et publié par A. Angot. Paris, Gauthier-Villars, 1881 ; 1 vol. in-8°.

Cecchi (P.-F.). — Nuovo apparato per dimostrare l'eguaglianza della rapidità di caduta dei corpi gravi e leggieri. Firenze, 1872 ; br. in-8°.

— Il termometro e barometro della Loggia dell' Orgagna in Firenze (Extr. *Riv. Sc. Ind.*, 1871) ; br. in-8°.

— Macchina dielettrica (Extr. *Riv. Sc. Ind.*, 1872) ; br. in-8°.

Centenaire de M. Chevreul. — Discours prononcés au Muséum d'Histoire naturelle. Paris, Gauthier-Villars, 1886 ; br. in-4°.

Challis (James). — An essay on the mathematical principles of Physics, with reference to the study of physical science by candidates for mathematical honours in the University of Cambridge. Cambridge, Daighton Bell and C°, 1873 ; 1 vol. in-8°.

Chandler Roberts-Austen (W.). — Les alliages. Trois leçons faites devant la Société des Arts de Londres en 1888. Traduction de G. Richard. Paris, Gauthier-Villars et fils, 1890 ; br. in-18.

Chappuis (J.). — Sur le spectre d'absorption de l'acide pernitrique (Extr. *Comptes rendus des séances de l'Académie des Sciences*, 1882) ; br. in-4°.

— Sur le spectre d'absorption de l'ozone (Extr. *Comptes rendus des séances de l'Académie des Sciences*, 1882) ; br. in-4°.

Chappuis (**J.**) et **Berget** (**A.**). Leçons de Physique générale. Paris, Gauthier-Villars et fils, 1891; 3 vol. in-8°.

Chappuis (**P.**). — Étude sur le thermomètre à gaz et comparaison des thermomètres à mercure avec le thermomètre à gaz (Extr. *Travaux et Mémoires du Bureau international des Poids et Mesures*, t. V). Paris, Gauthier-Villars et fils, 1888; in-4°.

Chardonnet (**Comte de**). — Notice sur C.-C. Person. Besançon, Dodivers et Cⁱᵉ, 1885; br. in-8°.

Charton (**J.**). — Aperçu général des dispositions et installations de l'Exposition universelle de 1889 (Extr. *Soc. des Ing. civils*, avril 1889); br. in-8°.

Chautard (**J.**). — Les spectres de la chlorophylle et leurs applications à la Chimie, à la Physiologie et à la Toxicologie. Nancy, Berger-Levrault, 1875; br. in-8°.

Chauvin. — Recherches sur la polarisation rotatoire magnétique dans le spath d'Islande (Thèse). Paris, Gauthier-Villars, 1889; br. in-4°.

Chazarain (**Dʳ**). — Les courants de la polarité dans l'aimant et dans le corps humain. Paris, Auteur, 1887; br. in-8°.

— Découverte de la polarité humaine. Paris, O. Doin, 1886; br. in-8°.

Chervet (**A.**). — Étude de la distribution du potentiel dans des conducteurs homogènes de formes déterminées traversés par un courant électrique dont le régime est permanent. Caen, Le Blanc-Hardel, 1885; br. in-8°.

Clean (**F. Mc**). — Photographs of the red end of the solar spectrum from the Line (D) to the Line (A), in seven sections (Extr. *Monthly Notices of the Roy. Astr. Soc.*, vol. XLIX, n° 3).

— Comparative photographs of the High Sun and Low Sun visible spectra, with notes on the method of photographing the red end of the spectrum (Extr. *Monthly Notices of the Royal Astr. Soc.*, vol. LI, n° 1, avec planches).

— Comparative Photographic spectra of the Sun and the metals, series I and II (Extr. *Monthly Notices of the Roy. Astr. Soc.*, vol. LII, n° 1).

— Parallel Photographs of the spectra of the Sun of iron and of iridium, from the line (H) to near the line (D), in six sections. Also separate photographs of the spectrum of titanic iron ore, in six sections (Extr. *Monthly Notices of the Roy. Astr. Soc.*, vol. XLIX, n° 7), avec planches.

Colladon (**M.-D.**). — Sur les dégâts causés par un coup de foudre d'une intensité exceptionnelle (Extr. *Comptes rendus des séances de l'Académie des Sciences*, avril 1887); br. in-4°.

— Sur les origines du flux électrique des nuages orageux (Extr. *Comptes rendus des séances de l'Académie des Sciences*, avril 1886); br. in-4°.

— Sur les tourbillons ascendants dans l'air et dans les liquides (Extr. *Comptes rendus des séances de l'Académie des Sciences*, avril 1887); br. in-4°.

Colley (**R.**), **Michkine** (**N.**) et **Kazine** (**M.**). — Observations actinométriques à l'Observatoire météorologique de l'Académie Petrowsky, près de Moscou. Moscou, 1890; br. in-8°.

Colnet d'Huart (de). — Essai d'une théorie mathématique de la lumière, de la chaleur, de l'émission et de l'absorption des radiations calorifiques et lumineuses. Le potentiel θ (dilatation au point x, y, z) de la chaleur est le potentiel φ de l'électricité déduite de la théorie mathématique de l'élasticité. Luxembourg, v. Bück, 1890; br. in-8°.

— Nouvelle théorie servant à calculer le mouvement de la lumière dans les cristaux biréfringents symétriques et dans les cristaux hémiédriques non superposés. Luxembourg, v. Bück, 1886; br. in-8°.

Colson (R.). — La Photographie sans objectif. Application aux vues panoramiques, à la topographie, aux vues stéréoscopiques. Paris, Gauthier-Villars, 1887; br. in-18.

— Traité élémentaire d'électricité avec les principales applications. Paris, Gauthier-Villars; 1 vol. in-18.

Commines de Marcilly (L.-J.-A. de). — Les lois de la matière. Essais de Mécanique moléculaire. Paris, Gauthier-Villars, 1884; 1 vol. in-4°.

Commission géologique et d'Histoire naturelle du Canada. — Rapport annuel. Comptes rendus et cartes des études et explorations. Années 1880 à 1885; 4 vol. in-8°.

Commission internationale du Mètre. — Procès-Verbaux des séances. 1869 à 1874; in-8°.

Comptes rendus hebdomadaires des séances de l'Académie des Sciences. — 2° semestre 1874 à 1892; 20 vol. in-4°.

Comptes rendus des séances de la 8° réunion des Naturalistes et Médecins russes. — 1 vol. in-8° (en russe).

Congrès international des Sciences géographiques. — 2° session. Paris, 1875; br. in-8°.

Congrès des Sociétés savantes. — Discours prononcés à la séance du Congrès le samedi 31 mai 1890, par M. Maunoir et M. Bourgeois, Ministre de l'Instruction publique et des Beaux-Arts; br. in-4°.

Cornu (A.). — Détermination de la vitesse de la lumière d'après les expériences exécutées en 1874 entre l'Observatoire et Montlhéry (Ext. *Annales de l'Observatoire*, t. XIII). Paris, Gauthier-Villars, 1874; 1 vol. in-4°.

— Études photométriques (Extr. *Journal de Physique*, 1881); br. in-8°.

— Étude des bandes telluriques α, B et A du spectre solaire (Extr. *Comptes rendus des séances de l'Académie des Sciences* et *Ann. de Chim. et Phys.*, 1886); br. in-8°.

— Sur le spectre normal du Soleil, partie ultra-violette (Extr. *Annales de l'École Normale supérieure*). Paris, Gauthier-Villars, 1881; br. in-8°.

— Étude spectrale du groupe de raies telluriques nommé α par Angström (Extr. *Comptes rendus des séances de l'Académie des Sciences,* 1884); in-4°.

— Le rôle de la Physique dans les récents progrès des Sciences (Extr. *Ass. fr. pour l'av. des Sc.,* Congrès de Limoges, 1890); br. in-8°.

— Sur la limite ultra-violette du spectre solaire (Extr. *Comptes rendus des séances de l'Académie des Sciences,* 1879); br. in-4°.

— Observations relatives à la couronne visible actuellement autour du Soleil (Extr. *Comptes rendus des séances de l'Académie des Sciences,* 1884); br. in-4°.

— Sur la condition de stabilité du mouvement d'un système oscillant soumis à une liaison synchronique pendulaire (Extr. *Comptes rendus des séances de l'Académie des Sciences,* t. CIV, 1874); br. in-4°.

— Sur une loi simple relative à la double réfraction circulaire naturelle et magnétique (Extr. *Comptes rendus des séances de l'Académie des Sciences,* 1881); br. in-4°.

— Sur la limite ultra-violette du spectre solaire, d'après les clichés obtenus par M. le Dr O. Simony au sommet du Pic de Ténériffe (Extr. *Comptes rendus des séances de l'Académie des Sciences,* CXI, 1890); br. in-4°.

— Sur les raies telluriques qu'on observe dans le spectre solaire au voisinage des raies D (Extr. *Journ. de l'École Polytech.,* 1883); br. in-4°.

— Sur la méthode de Doppler-Fizeau permettant la détermination de la vitesse des astres par l'analyse spectrale (Extr. *Annuaire du Bureau des Longitudes,* 1891); 1 vol. in-12.

— Étude sur le spectre solaire ultra-violet (Extr. *Comptes rendus des séances de l'Académie des Sciences,* 1878); br. in-4°.

— Sur la polarisation elliptique par réflexion vitreuse et métallique. Extension des méthodes aux observations ultra-violettes. Continuité existant entre ces deux genres de phénomènes (Extr. *Comptes rendus des séances de l'Académie des Sciences,* mai 1889); br. in-4°.

— Sur le halo des lames épaisses, ou halo photographique, et les moyens de le faire disparaître (Ext. *Comptes rendus des séances de l'Académie des Sciences,* mars 1890); br. in-4°.

— Discours prononcé à l'inauguration de la statue d'Ampère, à Lyon, le 8 octobre 1888. Paris, Firmin-Didot, 1888; br. in-4°.

— Sur l'observation comparative des raies telluriques et métalliques comme moyen d'évaluer les pouvoirs absorbants de l'atmosphère (Extr. *Comptes rendus des séances de l'Académie des Sciences,* nov. 1882); br. in-4°.

— Sur la forme de la surface de l'onde lumineuse dans un milieu isotrope placé dans un champ magnétique uniforme : existence probable d'une double réfraction particulière dans une direction normale aux lignes de force (Extr. *Comptes rendus des séances de l'Académie des Sciences,* 1884); br. in-4°.

Cornu (A.) et **Potier (A.).** — Vérification expérimentale de la loi de Verdet dans les directions voisines des normales aux lignes de forces magnétiques (Extr. *Comptes rendus des séances de l'Académie des Sciences*, 1886, 1er semestre); br. in-4°.

Cornuault (**E.**). — Note sur quelques nouveaux becs intensifs (bec Siemens à régénérateur, etc.) présentés à la Société des Ingénieurs civils. Paris, Capiomont, 1881; br. in-8°.

Cornwall (**H.-B.**). — Manuel d'analyse qualitative et quantitative au chalumeau. Traduit sur la 2e édition américaine par M. *I. Thoulet*. Paris, Dunod, 1874; 1 vol. in-8°.

Couette (**M.**). — La viscosité des liquides (Extr. *Bull. des Sciences phys.*, 1888); br. in-8°.

— Études sur le frottement des liquides (Thèse). Paris, Gauthier-Villars et fils, 1890; br. in-4°.

Crookes (**William**). — Éléments et méta-éléments. Mémoire lu à la Société chimique de Londres, traduit par M. Lewy. Paris, Gauthier-Villars et fils, 1888; in-18.

Culley (**R.-S.**). — Manuel de télégraphie pratique. Traduit sur la 7e édition par H. Berger et P. Bardonnaut. Paris, Gauthier-Villars, 1882; 1 vol. in-8°.

Culmann (**P.**). — Beschreibung einiger Versuche über den Funken, welcher bei der Unterbrechung einer Strombahn auftritt. Paris, 1888; in-8°.

Cronica cientifica, Revista internacional de Ciencias, années 1887 à 1891. Barcelone, 5 vol. in-4°.

Crova (**A.**). — Note sur les spectrophotomètres (Extr. *Journ. de Phys.*, 1879); br. in-8°.

— Études des radiations émises par les corps incandescents. Mesure optique des hautes températures (Extr. *Ann. de Chim. et Phys.*, 1880); br. in-8°.

— Mesure de l'intensité calorifique de la radiation solaire en 1876 (Extr. *Bull. du Comité météorol. de l'Ouest méditerranéen*); br. in-4°.

— Sur la lumière diffusée par le ciel (Extr. *Ann. de Chim. et Phys.*, t. XX, 1890; br. in-8°.

Crova (**A.**) et **Houdaille**. — Observations faites au sommet du mont Ventoux sur l'intensité calorifique de la radiation solaire (Extr. *Ann. de Chim. et Phys.*, t. XXI, 1890); br. in-8°.

Davis (**James N.**). — The fossil fishes of the chalk of Mount Lebanon in Syria (Extr. *The Sc. Trans. of the Roy. Dublin Soc.*, vol. III, 3e sect.; 1887); 1 vol. in-4°.

Decharme (**C.**). — Recherches expérimentales sur la vitesse du flux thermique dans une barre de fer (Extr. *Mém. de la Soc. acad. de Maine-et-Loire*, t. XXXIV). Angers, F. Lachèze, 1876; br. in-8°.

— Recherches sur la capacité dynamique. 1er *Mémoire.* — Du mouvement ascendant spontané des liquides dans les tubes capillaires. Angers, F. Lachèze, 1873; br. in-8°.

— Recherches sur la capacité dynamique. 2e *Mémoire.* — Du mouvement ascendant des liquides dans les corps poreux comparé au mouvement spontané des liquides dans les tubes capillaires suivis des effets frigorifiques produits par la capillarité jointe à l'évaporation. Angers, F. Lachèze, 1874; br. in-8°.

— Recherches sur la capacité dynamique. 3e *Mémoire.* — Comparaison des divers mouvements des liquides dans des espaces très étroits suivie de divers effets d'adhérence capillaire. Angers, F. Lachèze, 1875; br. in-8°.

— Qualités sonores comparatives des métaux, des bois et des pierres (Extr. *Mém. de la Soc. acad. de Maine-et-Loire,* t. XXXIV). Angers, F. Lachèze, 1876; br. in-8°.

Noë (Colonel G. de la). — Le colonel Goulier (Extr. *Revue du Génie militaire*). Paris, Berger-Levrault et Cie, 1892, t. VI; 1892.

Delaurier (E.). — Essai d'une théorie générale supérieure de Philosophie naturelle et de Thermochimie, avec une nouvelle nomenclature binaire notative pour la Chimie minérale et organique. Paris, Lahure, 1883-1884; 1er, 2e, 3e et 4e fascicules; in-12.

— Nouvelles œuvres politiques et scientifiques. Paris, Lahure, 1882; br. in-12.

— Nouvelle théorie fondée sur l'expérience de la cause de la production de l'électricité dans les piles hydro et thermo-électriques et remarques sur les courants électriques. Paris, Lahure, 1886; br. in-12.

— Notice des appareils exposés à la séance de Pâques de la Société de Physique les 27 et 28 mars 1883; br. in-12.

— Procédé pour résoudre facilement les problèmes de Chimie les plus compliqués par des équations tangibles à l'aide des notations et d'une méthode graphique. Paris, Lahure, 1886; br. in-12.

Deleuil. — Balance à marteau automatique. Rapport fait par M. F. Leblanc au nom du Comité des Arts économiques et chimiques sur la construction des appareils photométriques de MM. Dumas et Regnault (Extr. *Bull. de la Soc. d'Encouragement*). Paris, Vve Bouchard-Huzard, 1865; br. in-4°.

Delezenne (Charles). — 1° Mélange de Physique; 2° Phénomènes d'induction; 3° Optique; 4° Acoustique musicale; 5° Complément à l'acoustique musicale. 5 vol. in-8°.

Delsaux (P.-Joseph). — Sur la tension électrique suivant les lignes de force dans les milieux diélectriques (Extr. *Ann. de la Soc. sc. de Bruxelles,* 1887-1888); in-8°.

— Sur la loi de force de M. Clausius entre courants élémentaires (Extr. *Soc. scientifique de Bruxelles,* 1879). Bruxelles, F. Mayez, 1880.

Description des machines et procédés pour lesquels des brevets d'invention ont été pris sous le régime de la loi du 5 juillet 1884. — Instruments de précision. Appareils de Physique et de Chimie. Année 1872, t. IV.

Bréguet. Machine magnéto-électrique. Paris, Imprimerie nationale, 1872; 1 vol. in-4°.

Deslandres (H.). — Spectre du pôle négatif de l'azote. Loi générale de répartition des raies dans les spectres de bandes (Extr. *Comptes rendus des séances de l'Académie des Sciences,* août 1886); br. in-4°.

Despeissis (L.-H.). — La Sténo-Télégraphie, système nouveau de télégraphie, breveté, par M. G.-A. Cassagnes. Paris, Chaix, 1886; br. in-4°.

Dove (H.-W.) und Moser (L.). — Repertorium der Physik, enthaltend eine vollständige Zusammenstellung der neuern Fortschritte dieser Wissenschaft. Unter Mitwirkung der Herrn Lejeune-Dirichlet, Jacobi, Neuman, Riess, Strehlke. Berlin, Veit et Cie, 1837-1846; 7 vol. in-8°.

Dubois (Edmond). — Cours de Physique à l'usage des élèves des Lycées et Collèges de jeunes filles des Écoles normales primaires et des candidats au brevet supérieur. Paris, Garnier, 1886; 1 vol. in-16.

Discours prononcés à la séance du Congrès des Sociétés savantes le mercredi 27 mai 1891, par M. Gaston Boissier et M. Léon Bourgeois, Ministre de l'Instruction publique et des Beaux-Arts. Paris, Imprimerie nationale, 1891; 1 br. in-8°.

Ditte (Alfred). — Leçons sur les métaux professées à la Faculté des Sciences de Paris; 1er et 2e fascicules. Paris, Vve Dunod, 1891; 1 vol. in-4°.

Dubrunfaut. — Le sucre dans ses rapports avec la science, l'agriculture, l'industrie, le commerce, l'économie publique et administrative, etc., ou études faites depuis 1886 sur la question des sucres. Paris, Gauthier-Villars, 1873-1878; 2 vol. in-8°.

Duchemin (E.-M.). — Expériences pratiques de la boussole circulaire faites à bord des navires de l'État et de la marine marchande. Adoption de cet instrument sur l'escadre; 6e, 7e et 8e éditions. Paris, Berger-Levrault, 1877-1878; 3 br. in-4°.

Dufet (H.). — Recherches expérimentales sur la variation des indices de réfraction sous l'influence de la chaleur. (Thèse.) Paris, Chaix, 1885; br. in-8°.

— Constantes optiques du gypse de Montmartre (Extr. *Bull. de la Soc. franç. de Minéralogie,* t. XI, n° 3; 1888); br. in-8°.

— Étude cristallographique et optique des phosphates, arséniates et hypophosphates de soude (Extr. *Bull. de la Soc. française de Minéralogie,* 1886); br. in-8°.

— Études expérimentales sur la dispersion des axes d'élasticité optique dans quelques cristaux clinorhombiques (Extr. *Bull. de la Soc. française de Minéralogie,* t. X, 1887); br. in-8°.

— Sur la forme cristalline des pyrophosphates et hypophosphates de soude (Extr. *Bull. de la Soc. française de Minéralogie,* 1886); br. in-8°.

Dufet (H.) et Joly (A.). — Sur l'orthophosphate et l'arséniate monosodiques (Extr. *Bull. de la Soc. française de Minéralogie,* 1886); br. in-8°.

Dufour (Henri). — Action d'un aimant sur l'écoulement du mercure (Extr. *Arch. des Sciences phys. et nat. de Genève*, 1887); br. in-8°.

— Hygromètre à condensation (Extr. *Arch. des Sciences phys. et nat. de Genève*, t. XXI, 1889); br. in-8°.

— Note sur quelques effets de la foudre (Extr. *Bull. de la Soc. Vaud. des Sc. nat. de Genève*, 1886); br. in-8°.

— Note sur un appareil simple pour la mesure de l'évaporation (Extr. *Bull. de la Soc. Vaud. des Sciences nat.*, t. XXV); br. in-8°.

— Note sur une forme rare de l'arc-en-ciel (Extr. *Bull. de la Soc. Vaud. des Sciences nat.*, t. XXIV); br. in-8°.

— Note sur une nouvelle forme d'hygromètre à condensation (Extr. *Bull. de la Soc. Vaud. des Sciences nat.*, t. XXIV, 1888); br. in-8°.

— Sur la réflexion de l'arc-en-ciel à la surface de l'eau tranquille (Extr. *Bull. de la Soc. Vaud. des Sciences nat. de Genève*, 1885); br. in-8°.

— Étude sur les orages de grêle dans le canton de Vaud (1er Mémoire, 1881). Lausanne, Corbaz et Cie, 1883; br. in-8°.

Dupuy (E.). — Rapport sur l'éclairage électrique par la Lampe Reynier. Lisieux Lajoye-Tissot, 1880; br. in-8°.

Durville (H.). — Les lois physiques du magnétisme et la polarité humaine; 1 vol. in-8°.

— Traité expérimental et thérapeutique du magnétisme. Cours professé à la clinique du magnétisme. Paris, Librairie du Magnétisme, 1886; 1 vol. in-12.

Dvořák (V.). — Bemerkungen zu der Mittheilung von F. Neesen « Akustische Beobachtungen » (Extr. *Ann. der Phys.*, t. XXXI, 1887); br. in-8°.

— Ueber Analoga der persönlichen Differenz zwischen beiden Augen und den Netzhautstellen desselben Auges (Extr. *Akad. Wien*, 1872); br. in-8°.

— Ueber die akustische Abstossung (Extr. *Ann. der Phys.*, 1877); br. in-8°.

— Ueber die akustische Anziehung und Abstossung (Extr. *Akad. Wien*, 1875); br. in-8°.

— Ueber die Entstehungsweise der Kundt'schen Staubfiguren (Extr. *Akad. Wien*, 1873); br. in-8°.

— Ueber die Leitung des Schalles in Gasen (Extr. *Akad. Wien*, 1874); br. in-8°.

— Ueber die Schallgeschwindigkeit des Wassers in Röhren (Extr. *Akad. Wien*, 1874); br. in-8°.

— Ueber die Schwingungen des Wassers in Röhren (Extr. *Akad. Wien*, 1875); br. in-8°.

— Ueber die Wirkung der Selbstinduction bei elektromagnetischen Stromunterbrechern (Extr. *Akad. Wien*, 1889); br. in-8°.

— Ueber eine Anwendung des Gesetzes der gegenseitigen Einwirkung benachbarter Netzhautstellen (Extr. *Akad. d. Wien*); br. in-8°.

— Ueber eine neue Art von Variationstonen (Extr. *Akad. d. Wien*, 1874); br. in-8°.

— Ueber eine neue einfache Art der Schlierenbeobachtung (Extr. *Ann. der Phys.*, 1880); br. in-8°.

— Ueber einige neue Staubfiguren (Extr. *Akad. d. Wien*); br. in-8°.

— Ueber einige Versuche mit statischer Electricität (Extr. *Ann. der Phys.*, t. XIX, 1883); br. in-8°.

— Versuche über die Nachbilder von Reizveränderungen (Extr. *Akad. d. Wien*, 1870); br. in-8°.

— Zur Theorie der Talbot'schen Streifen (Extr. *Akad. d. Wien*, 1873); br. in-8°.

— Zur Theorie und Konstruktion des elektrischen Läuterwerkes und verwandter Apparate (Extr. *Zeitsch. für Inst.*, 1890); br. in-8°.

— Zur Theorie selbstthätiger Stromunterbrecher (Extr. *Ann. der Phys. und Chemie*, 1891); br. in-8°.

— Quecksilberpipette (Extr. *Zeitschrift für Inst.*, 1891); br. in-4°.

— Ueber verschiedene Arten selbstthätiger Stromunterbrecher und deren Verwendung (Extr. *Zeitschrift für Inst.*, 1891); br. in-4°.

— Zur Theorie selbstthätiger Stromunterbrecher (Extr. *Ann. der Phys. und Chemie*, t. XLIV, 1891); br. in-8°.

Dwelshauvers (M.-F.-V.). — Expériences sur l'intensité relative des harmoniques dans les timbres de la voix, faites au Laboratoire de Physique de l'Université de Liège, avec la collaboration de M. F. Deruyts, sous la direction de M. Pérard (Extr. *Mém. de la Soc. roy. des Sc. de Liège*, 2ᵉ série, t. XVI); br. in-8°.

Ebert (H.). — Zwei Formen von Spectrographen (Extr. *Ann. der Phys.*, t. XXXVIII, 1889); br. in-8°.

Ebert (H.) und **Wiedemann** (E.). — Ueber elektrische Entladungen (Ext. *Ann. der Phys. und Chemie*, t. XXXVI, 1889; br. in-8°.

— Ueber elektrische Entladungen (Ext. *Phys. Med. Soc. zu Erlangen*, 1892; br. in-8°.

Eccher (de). — Sopra la riposta del Sig. Prof. Giovanni Cantoni alle osservazioni al suo lavoro sull' ellettroforo e la polarizzazione fatte elettrostatica. Firenze, 1872; br. in-8°.

Éclipse totale du Soleil du 7 au 19 août 1887. — Rapports des expéditions de la Société physico-chimique russe et correspondances de la région d'éclipse totale, publiés par la Société (en russe); br. in-8°.

Edelmann (Th.). — Neuere Apparate für naturwissenschaftliche Schule und Forschung Stuggard. Meyer et Zeller, 1879; 2 vol. in-8°.

— Versuche vermittels des Platten-Elektrometers über die Volta'schen Fundamentalversuche. (Extr. *Carl' Repert.*, XVI, 1880); br. in-4°.

Edlund (E.). — Recherches sur la force électromotrice de l'étincelle électrique (Extr. *Acad. Roy. de Suède*). Stockholm, 1885; br. in-4°.

— Note sur la théorie de l'induction unipolaire (Ext. *Acad. Royale des Sciences de Suède*). Stockholm, 1885; br. in-8°.

— Recherches sur la force électromotrice dans le contact des métaux et sur la modification de cette force par la chaleur (Extr. *Acad. Royale des Sciences.* Stockholm, 1870); br. in-4°.

— Sur la résistance électrique des gaz (Extr. *Acad. Royale des Sciences de Suède*). Stockholm, 1881; br. in-8°.

— Sur l'origine de l'électricité atmosphérique du tonnerre et de l'aurore boréale. Stockholm, Norstedt et Söner, 1884; br. in-8°.

— Théorie des phénomènes électriques (Extr. *Bulletin de l'Académie Royale.* Stockholm. 1874); br. in-4°.

— Ueber den Uebergangswiderstand im dem galvanischen Lichtbogen (Extr. *Ann. der Phys. und Chemie,* t. XXVI, 1885); br. in-8°.

Eisenlohr (W.). — Lehrbuch der Physik. Gebrauche bei Vorlesungen und **zum** Selbstunterrichte. Stuggard, Krais-Hoffmann, 1857; 1 vol. in-8°.

Egoroff. — Le photomètre électrique (en russe). Saint-Pétersbourg, 1877; br. in-8°.

Electrician (The). — A weekly Journal of theoretical and applied Electricity and Chemical Physics, 1886 à 1892. London, G. Trucker; in-4°.

Électricien (L'). — Revue générale d'Électricité. Paris, Masson; 1ʳᵉ série, t. I (1881) à t. XIII (1890) et 2° série t. I à III; 1892; in-4°.

Élie (B.). — Les constantes d'élasticité dans les milieux anisotropes (**Extr.** *Mém. des Sc. phys. et nat. de Bordeaux*). Bordeaux, Gounouilhou, 1886; br. in-8°.

Elster (Julius) und **Geitel (Hans).** — Bemerkungen über den electrischen Vorgang in den Gewitter wolken (Extr. *Ann. der Phys. und Chem.,* t. XXV, 1885); br. in-8°.

— Notiz über einen empfindlichen Duplicator (Extr. *Ann. der Phys. und Chem.,* t. XXV, 1885); br. in-8°.

— Notiz über eine Influenzmaschine einfachter Form (Extr. *Ann der Phys. und Chem.,* t. XXV, 1885); br. in-8°.

— Ueber die Electricitätsentwickelung bei der Tröpfchenreibung (Extr. *Ann. der Phys. und Chem.,* t. XXXII, 1887); br. in-8°.

— Ueber die Electricität der Flamme (Extr. *Ann. der Phys. und Chem.,* t. XXII, 1884; br. in-8°.

— Ueber die Electricitätsentwickelung bei Regenbildung (Extr. *Ann. der Phys. und Chem.*, t. XXV, 1885); br. in-8°.

— Ueber die Electrisirung der Gase durch glühende Körper (Extr. *Ann. der Phys. und Chem.*, t. XXXI, 1887); br. in-8°.

— Ueber die unipoläre Leitung erhitzter Gase (Extr. *Ann. der Phys. und Chem.*, t. XXVI, 1885); br. in-8°.

— Zur Frage nach dem Ursprunge der Wolkenelektricität (Extr. *Jahresbericht des Vereins für Natur*). Braunschweig; br. in-8°.

Ettingshausen. — Ueber eine neue polare Wirkung des Magnetismus auf die Wärme in einer vom galvanischen Strome durchflossenen Wismuthplatte (*Akad. der Wien.*, 1887); br. in-8°.

Everett (J.-D.). — Unités et constantes physiques. Traduit par Jules Raynaud, avec le concours de L. Thévenin, G.-B de la Touanne et E. Massin. Paris, Gauthier-Villars, 1883; 1 vol. in-8°.

Favre (P.-A.). — Mémoire sur la transformation de l'équivalence des forces chimiques (Extr. des *Mémoires présentés par divers savants à l'Académie des Sciences*). Paris, Imprimerie nationale, 1885; in-4°.

Fallières. — Discours prononcé le 19 avril 1884 à la séance de clôture du Congrès des Sociétés savantes à la Sorbonne; in-4°.

Faraday (Michel). — Experimental Researches in Electricity. London, Richard and John Edward Taylor, 1839-1844-1855; 3 vol. in-8°.

Faure-Somzée. — Accumulateurs d'électricité. Question de priorité. Bruxelles, Verteneuil, 1883; br. in-8°.

Favaro (Antonio). — Intorno ad un nuovo apparato per la trasmissione della forza avuto speciale riguardo alla forza motrice dell'acqua. Firenze, 1873; br. in-8°.

Fechner (Gustav Theodor). — Repertorium der experimental Physik. Enthaltend eine vollständize Zusammenstellung der neuern Fortschritte dieser Wissenschaft. Leipzig, L. Botz, 1832; 3 vol. in-8°.

Ferrari (P. Gaspare Stanislao). — La riforma Gregoriana del Calendario. Rome, A. Befani, 1883; br. in-8°.

Féret (A.). — Mémoire sur la table Féret hygiénique par l'élévation facultative, à l'usage des études scolaires. Paris, Jouandeaux, 1888; in-4°.

Ferry (Jules). — Discours prononcé à la Réunion générale des délégués des Sociétés savantes, le 31 mars 1883. Paris, Quantin, 1883; br. in-8°.

Filon (François) et Cordeau (Alexandre). — Avant-projet. Construction d'une sphère terrestre à l'échelle de $\frac{1}{1000000}$ (40^m de circonférence). Paris, Colin, 1888; br. in-8°.

Fisch (A.). — La photocopie ou procédés de reproductions industrielles par la lumière d'une façon rapide et économique des dessins, plans, cartes, gravures, esquisses, etc. Paris, Michelet, 1886; 1 vol. in-12.

— Nouveaux procédés de reproductions industrielles avec ou sans teintes, modelés au moyen des sels d'argent, de platine, d'urane, de cuivre, de dessins, plans, gravure, etc. Paris, Michelet, 1887; 1 vol. in-12.

Fischer (Johann Carl). — Geschichte der Physik seit der Wiederherstellung der Künste und Wissenschaften bis auf die neuesten Zeiten. Göttingen, Johann Friedrich Rower, 1801-1808; 8 vol. in-8°.

Fitzgerald (G.-Fr.). — On the mechanical Theory of Crookes's Force (Ext. *The Scienc. Transac. of the Roy. Dublin Society*. Vol. J, new series, 1878; br. in-4°.

— On the possibility of originating wave disturbances in the ether by means of electric forces (Ext. *The Scientific Trans. of Royal Dublin Society*, vol. I, serie II, 1880; br. in-4°.

— On the superficial tension of fluids and its possible relation to muscular contractions (Ext. *The Scientific Trans. of the Royal Dublin Society*, vol. I, new series, 1878; br. in-4°.

— On electromagnetic effects due to motion of the Earth (Extr. *The Sc. Trans. of Royal Dublin Soc.*); br. in-4°.

— On the possibility of originating wave disturbance in the ether by means of electric forces (Extr. *The Sc. Trans. of Royal Dublin Soc.*); br. in-4°.

Folie (M.). — Petite climatologie de l'amateur et de l'agriculteur belge. Bruxelles, F. Hayez, 1886; in-8°.

Fontaine (Hippolyte). — Éclairage à l'électricité. Renseignements pratiques. Paris, Baudry, 1879; 2ᵉ édition, 1 vol. in-8°.

— Éclairage à l'électricité. Renseignements pratiques. Paris, Baudry, 1888, 3ᵉ édition; 1 vol. in-8°.

— Electrolyse, renseignements pratiques. Paris. Baudry et Cᵢᵉ, 1ʳᵉ édition 1885 et 2ᵉ édition 1892; 2 vol. in-8°.

Forster (J.) Fritsch (K.). — Das Brachyt Teleskop. Wien, 1877; br. in-8°.

Fortschritte der Physik. Années 1845 à 1886 et tables des tomes I à XX (1845-1864).

Foucault (Léon). Recueil des travaux scientifiques, mis en ordre par C.-M. Gariel, précédé d'une Notice sur les OEuvres de L. Foucault, par J. Bertrand. Paris, Gauthier-Villars, 1878; 1 vol. in-4° avec planches.

Fourier (OEuvres de). — Publiées par les soins de M. Gaston Darboux, sous les auspices du Ministère de l'Instruction publique. T. I. Théorie analytique de la chaleur. Paris, Gauthier-Villars, 1888; 1 vol. in-4°.

Foussereau. — Recherches expérimentales sur la résistance électrique des substances isolantes (Thèse). Paris, Gauthier-Villars, 1885; br. in-4°.

Fremy. — Le rubis. Paris. Vᵛᵉ Dunod, 1891; 1 vol. in-4°.

Fresnel (Augustin). — OEuvres complètes, publiées par MM. H. de Senarmont. E. Verdet et L. Fresnel. Paris, Imprimerie nationale, 1856, 1858 et 1870; 3 vol. in-4°.

Fritz (H.). — Ueber die gegenseitigen Beziehungen der physikalischen Eigenschaften der chemischen Elemente (Extr. *Naturn. Rundschau,* 1886); br. in-4°.

Gariel (G.-M.). — Traité d'Électricité. Paris, O. Doin, t. II, 1886; 1 vol. in-8°.

— Physique. Paris, Baudry, 1888; 2 vol. in-8°.

— De la transparence de certaines tumeurs (Extr. *Bull. de l'Acad. de Med.,* 1892); br. in-8°.

Gay (Jules). — Lectures scientifiques. Extraits de Mémoires originaux et d'études sur la Science et les Savants. Paris, Hachette, 1891: 1 vol. in-16.

Geitel (Hans) et Elster (Julius). — Bemerkungen über den electrischen Vorgang in den Gewitterwolken (Ext. *Ann. der Phys. und Chemie,* t. XXV, 1885); br. in-8°.

— Notiz über einen empfindlichen Duplicator (Ext. *Ann. der Phys. und Chemie,* t. XXV, 1885); br. in-8°.

— Notiz über eine Influenzmaschine einfachter Form (Ext. *Ann. der Phys. und Chemie,* t. XXV, 1885); br. in-8°.

— Ueber die Electricität der Flamme (Ext. *Ann. der Phys. und Chemie,* t. XXII, 1884); br. in-8°.

— Ueber die Electricitätentwickelung bei Regenbildung (Ext. *Ann. der Phys. und Chemie,* t. XXV, 1885); br. in-8°.

— Ueber die unipoläre Leitung erhitzter Gase (Ext. *Ann. der Phys. und Chemie,* t. XXVI, 1885); br. in-8°.

— Zur Frage nach dem Ursprunge der Wolkenelektricität (Ext. *Jahresbericht des Vereins für Natur zu Braunschweig*); br. in-8°.

— Ueber die Electricitätsent' wickelung bei der Tröpfchenreibung (Ext. *Ann. der Phys. und Chemie*); br. in-8°.

— Ueber die Electrisirung der Gase durch glühende Körper (Ext. *Ann. der Phys. und Chem.,* t. XXXI, 1889); br. in-8°.

Gérard (Eric). — Leçons sur l'électricité professées à l'Institut électrotechnique Montefiore annexé à l'Université de Liège. Paris, Gauthier-Villars et fils, 1890; in-8°.

Goblet (René). — Discours prononcé le 11 avril 1885 à la séance de clôture des Sociétés savantes à la Sorbonne; br. in-4°.

— Discours prononcé le samedi 1er mai 1886, à la séance de clôture du Congrès des Sociétés savantes à la Sorbonne; br. in-8°.

Godard (Léon). — Sur la diffusion de la chaleur (Thèse). Paris. Gauthier-Villars. 1887; in-4°.

Goldhammer (D.-A.). — Das Kerr'sche magneto-optische Phänomen und die magnetische Circularpolarisation nach der electrischen Lichttheorie (Ext. *Ann. der Phys. und Chemie*, t. XLVI, 1892); in-8°.

— Bemerkungen zur Abhandlung des Hrn. E. Cohn « Zur Electrodynamik der Leiter » (Ext. *Ann. der Phys. und Chemie*, t. XLVI, 1892); in-8°.

Goulier (C.-M.). — Études théoriques et pratiques sur les levers topométriques et en particulier sur la Tachéométrie. Paris, Gauthier-Villars et fils, 1892; 1 vol. in-8°.

Graf (I.-H.). — Der Mathematiker Johann Samuel König und das Princip der kleinsten Aktion. Bern, J. Wyss, 1889; in-8°.

Gréhant (N.). — Mémoire sur l'endosmose des gaz à travers les poumons détachés; br. in-8°.

— Notice sur ses titres et travaux scientifiques. Paris, Alcan, 1888; in-4°.

Gripon (E.). — De l'influence d'une membrane vibrante sur les vibrations d'une colonne d'air (Ext. des *Comptes rendus*, avril 1874); br. in-4°.

— Sur les vibrations transversales des fils et des lames d'une faible épaisseur (Extr. des *Ann. de l'École Normale supérieure*, 2ᵉ série, t. II); br. in-4°.

— Sur un phénomène particulier de résonance (Ext. des *Comptes rendus de l'Acad. des Sc.*, février 1891); br. in-4°.

Grubb (H.). — On a new form of Equatorial telescope (Ext. *The Sc. Trans. of the Roy. Dublin Society,* vol. I, new series, 1877); br. in-4°.

Guébhard (Ad.). — L'auréole photographique (Extr. *Moniteur de la Photographie*, 1890). Paris, Mouillot, 1890; br. in-8°.

Guillaume (Ch.-Ed.). — Études thermométriques (Extr. *Trav. et Mém. du Bureau int. des Poids et Mesures*, Iʳᵉ Partie, t. V, 1886; in-4°.

— Formules pratiques pour la transformation des coefficients thermiques (Extr. *Trav. et Mém. du Bureau int. des Poids et Mesures*, t. VI). Paris, Gauthier-Villars et fils, 1888; br. in-4°.

— Sur la mesure des températures très basses (Extr. *Arch. des Sciences phys. et nat.*, t. XX, 1888); br. in-8°.

— Traité pratique de la thermométrie de précision. Paris, Gauthier-Villars et fils, 1889; 1 vol. in-8°.

Hagenbach-Bischoff (Ed.). — Détermination de la vitesse de propagation de l'électricité dans les fils télégraphiques (Extr. *Arch. des Sc. phys. et nat.*, t. XII, 1884); in-8°.

— Erdbeden des 30 mai 1889 (Extr. *Verhand. der Natur. Gesellsch. in Basel,* t. VIII); br. in-8°.

— Leonard Euler's Verdienste um Astronomie und Physik; br. in-8°.

— Verdienste von Johannes und Daniel Bernoulli um den Satz der Erhaltung der Energie; br. in-8°.

— Fortpflanzung der Elektricität im Telegraphendraht (*Extr. Verhandlungen der Naturforschenden Gesellschaft in Basel*, t. VIII, 1886); br. in-8°.

— Die Basler Mathematiker Daniel Bernoulli und Leonhard Euler. Hundert Jahre nach ihrem Tode gefeiert von der Naturforschenden Gesellschaft (Extr. *Verhandlungen Naturforschenden Gesellschaft zu Basel*, t. VII, 1884); br. in-8°.

Hagenbach-Bischoff (**Ed.**) et **Zehnder** (**L.**). — Sur la nature des étincelles dans les oscillations électriques de M. Hertz (Extr. *Arch. des Sc. phys. et nat. de Genève*, 1891); br. in-8°.

— Die Natur der Funkel bei den Hertz'schen elektrischen Schwingungen (Extr. *Verhandlungen der Naturforschenden Gesellschaft in Basel*, t. IX, 1891), Basel, J.-G. Baur, 1891; br. in-8°.

Halsch (**von F.**). — Versuche über die Reflexion des Schalles in Röhren (mit 1 Tafel und 2 Holzschnitten) (Extr. *Akad. Wien*, 1886); br. in-8°.

Hamon (**A.**). — Étude sur les eaux potables. Paris, Delahaye, 1884; br. in-18.

Hanarte (**G.**). — L'air raréfié. Théorie et Calculs faits pour sa production, sa transmission et son utilisation (Extr. *Revue industrielle des Mines*, t. XX, 1886); br. in-8°.

Harting (**P.**) et **Theile** (**Fr.-Wilh.**). — Das Mikroscope. Braunschweig, Fr. Vieweg und Sohn, 1886; 3 vol. in-8°.

Hartley (**W.-A.**). — Photographs of the Spark spectra of twenty one Elementary substances (Extr. *The Scient. Trans. of the Roy. Society Dublin*, vol. I, 2ᵉ série, 1882); br. in-4°.

Haussonville (**le comte d'**), **Bertrand** (**J.**), **Rolland, Wurtz, Melsens.** — Discours prononcé aux funérailles de M. J.-B. Dumas le mardi 15 avril 1884 (Extr. *Mém. de l'Institut de France*); br. in-4°.

Heen (**P. de**). — Recherches sur la vitesse d'évaporation des liquides pris au-dessous de la température d'ébullition (Extr. *Acad. roy. de Belgique*, t. XXI, 1891), Iʳᵉ et IIᵉ parties; 2 br. in-8°.

Helmholtz (**H.**). — Théorie physiologique de la musique fondée sur l'étude des sensations auditives (Traduction de Guéroult). Paris, G. Masson, 1874; 1 vol. in-8°.

— Wissenschaftliche Abhandlungen. Leipzig, J.-A. Barth; 1 vol. in-8°.

Helmholtz (**Robert von**). — Ueber Nebelbildung (Extr. *Natur. w. Rundschau*, 1886); in-4°.

Hénocque (**A.**). — Notice sur l'Hématoscope, indications techniques de ses applications. Paris, G. Masson, 1886; br. in-8°.

— L'Hématoscopie, méthode nouvelle d'analyse du sang, basée sur l'emploi du spectroscope (Extr. *Comptes rendus des séances de l'Acad. des Sc.*, novembre 1886); br. in-4°.

Hepites (Stefan). — Annales de l'Institut météorologique de Roumanie, t. III, 1887; 1 vol. in-4°.

— Studiù asupra Climei Bucurestilor in anii 1885-1888. Part. I, Temperatura aerului (Extr. *Ann. Acad. Romane,* ser. 2, t. XI, 1889); 1 vol. in-4°.

— Serviciulu Meteorologicu in Europa. Note de Caletoria (Bucaresci, 1884); br. in-4°.

Hermann (A.). — Méthode pour chiffrer et déchiffrer les dépêches secrètes. Paris, Hermann, 1892; br. in-8°.

Hermite (H.). — Géologie. Principes. Explication de l'époque quaternaire sans hypothèse. Neuchâtel, Attinger frères, 1891; br. in-8°.

Hesehus (N.). — Der Einfluss des Lichts auf die Elektricitätsleitung des Selen (Die Nachwirkung des Lichts im Selen) (Extr. *Exner's Repert.*); br. in-4°.

— Sur la détermination de la chaleur spécifique d'un corps par la méthode des mélanges à température constante (Extr. *Journal de Physique,* 1888; br. in-8°.

— Application du courant électrique aux recherches de l'état sphéroïdal des liquides (en russe). Saint-Pétersbourg, 1886; br. in-8°.

— Ueber das Schallleitungsvermögen der Körper (Extr. *Exner's Repert.,* XXIII) br. in-4°.

— Ueber das Verhältniss zwischen der Veränderung der Elektricitätsleitung des Selens (Extr. *Exner's Repert.*); br. in-4°.

— Ueber die Ursache der Veränderung der Elektricitätsleitung des Selens unter dem Einflusse des Lichts (Extr. *Exner's Repert.,* XX); br. in-4°.

— L'Élasticité résiduelle et les autres phénomènes physiques analogues (en russe). Saint-Pétersbourg, 1882; br. in-8°.

— Sur la formation des grêlons (en russe) (Extr. *Société physico-chimique russe de Saint-Pétersbourg,* 1892); br. in-8°.

— Ueber Brechung und Geschwindigkeit des Schalles in porösen, den Schall durchlassenden Körper (Extr. *Report der Phys.,* 1892); br. in-8°.

Hildebrandt. — Ueber die stationäre elektrische Strömung in einer unendlichen Ebene und einer Kugeloberfläche (Thèse). Pandersheim, C.-F. Hertel; br. in-4°.

Hillairet (A.). — Transmission électrique de Domène (Isère); 1 vol. in-8°.

— Transmission électrique du travail mécanique (Détermination des éléments de la transmission). Paris, G. Masson, 1884; br. in-8°.

— Transmissions électriques (Extr. *Bulletin de la Soc. des Ingén. civils,* mai 1891); br. in-8°.

Hirn (G.-A.). — Manifestation en l'honneur de G.-A. Hirn. Médaille frappée à son effigie; 1 vol. in-4°.

— La Cinétique moderne et le Dynamisme de l'avenir. Réponses à diverses critiques faites par M. Clausius. Paris, Gauthier-Villars, 1887; br. in-4°.

Hogg (Jabez). — The microscope : its history, construction and applications being a familiar introduction to the use of the instrument and the study of Microscopical Science. London, H. Ingram C°, 1856; 1 vol. in-8°.

Hopkinson (John). — Electrostatic capacity of glass and liquids (Extr. *Phil. Trans. of the R. Soc.*, Part II, 1881; br. in-4°.

— Magnetisation of Iron (Extr. *Phil. Trans. of the R. Soc.*, Part II, 1885; br. in-4°.

Hospitalier (E.). — Compteurs électriques (Extr. *Électricien*, 1888); br. in-8°.

— La Physique moderne. Les principales applications de l'Électricité. Paris, Masson, 1881; 1 vol. in-8°.

— Traité élémentaire de l'énergie électrique, t. I. Paris, Masson, 1890; in-8°.

— Formulaire pratique de l'Électricien, 1re année 1883. Paris, Masson; 1 vol. in-18.

Hugueny (M.-F.). — Le coup de foudre de l'île du Rhin, près de Strasbourg (13 juillet 1869), avec 1 carte et 3 plans (Extr. *Mém. de la Soc. des Sciences nat. de Strasbourg*). Strasbourg, Silbermann, 1869; br. in-4°.

— Recherches expérimentales sur la dureté des corps et spécialement sur celle des métaux. Strasbourg, Salomon, 1865; 1 vol. in-8°.

— Recherches expérimentales sur la dureté des corps et spécialement sur celle des métaux (Thèse). Strasbourg, Berger-Levrault, 1864; br. in-4°.

Hull (Edward). — On the geological Age of the north Atlantic Ocean (Extr. *The Scient. Trans. of the Roy. Dublin Society,* vol. III, 2e série, 1885); br. in-4°.

Humboldt (Alex. von). — Kosmos. Entwurf einer physischen Weltbeschreibung. Stuggard und Tübingen-Gotta'scher Verlag, 1845; 1 vol. in-8°.

Huygens (Christian). — Traité de la lumière où sont expliquées les causes de ce qui luy arrive dans la réflexion et particulièrement dans l'étrange réfraction du cristal d'Islande, avec un discours de la cause de la pesanteur. Edidit cum præfatione latina W. Burckhardt. Lipsiæ, Gressner et Schramm; 1 vol. in-8°.

Icilius (D. T. von Quintus). — Experimental Physik. Ein Leitfaden bei Vorträgen. Hannover, Schmorl et von Seefeld, 1861; 1 vol. in-8°.

Jamin. — Discours prononcé aux funérailles de M. Regnault (Extr. *Comptes rendus des séances de l'Académie des Sciences,* t. LXXXVI, 1878; br. in-4°.

Jamin et Bouty. — Cours de Physique de l'École Polytechnique, 4e édit., augmentée et entièrement refondue. Paris, Gauthier-Villars et fils, 1891; 5 vol. in-8°.

Janet (Paul). — Électricité industrielle : Piles, Accumulateurs, Dynamos, Transformateurs (cours municipal). Grenoble, A. Gratier, 1892; 1 vol in-8°.

— Sur la dilatation thermique des cristaux (Extr. *Annales de l'Enseignement supérieur de Grenoble*, t. III, n° 1). Grenoble, F. Allier, 1891; br. in-8°.

— Sur les courants de Foucault (Extr. *Annales de l'Enseignement supérieur de Grenoble*, t. IV, n° 1). Grenoble, F. Allier, 1891; br. in-8°.

— Étude théorique et expérimentale sur l'aimantation transversale des conducteurs magnétiques (Thèse). Paris, Gauthier-Villars, 1890; in-4°.

Jannettaz (Ed.). — Sur la propagation de la chaleur dans les corps cristallisés (Thèse). Paris, Gauthier-Villars, 1873; br. in-8°.

— De la propagation de la chaleur dans les corps; de ses relations avec : 1° la structure des minéraux; 2° le métamorphisme des roches (Extr. *Bull. de la Soc. géologique de France*, t. III, 1875); br. in-8°.

Janssen (J.). — Compte rendu d'une ascension scientifique au mont Blanc (Extr. *Comptes rendus des séances de l'Académie des Sciences*, t. CXI, 1890); in-4°.

— Note sur la photographie de la Comète 1881, obtenue à l'Observatoire de Meudon (Extr. *Ann. du Bur. des Long.*, 1882; br. in-18.

Jaumann (G.). — Die Glimmentladungen in Luft von normalem Druck (Extr. *Akad. Wien.*, t. XCVII, 1888); br. in-8°.

— Notiz über eine Methode zur Bestimmung der Lichtgeschwindigkeit (Extr. *Akad. Wien.*, 1891); br. in-8°.

— Einfluss rascher Potentialänderungen auf den Entladungsvorgang (Extr. *Akad. Wien.*, t. XCVII, 1888); br. in-8°.

— Ueber ein Schutzring-Elektrometer mit continuirlicher Ablesung (Extr. *Zeitschrift für Elektrotechnik*, t. X, 1887); br. in-8°.

— Absolutes Elektrometer mit Kuppelsuspension (Extr. *Akad. der Wiss. in Wien*, Januar, 1892); br. in-8°.

— Entgegengekuppelte Fadenwagen zur absoluten Kraftmessung (Extr. *Akad. Wien.*, t. XCVII, 1888); br. in-8°.

Javal (E.). — Mémoires d'ophtalmométrie. Paris, G. Masson, 1891; 1 vol. in-8°.

Joly (A.) et **Dufet (H.).** — Sur l'orthophosphate et l'arséniate monosodiques (Extr. *Soc. fr. de Minér.*, 1886; br. in-8°.

Joubert (J.). — Étude sur les machines magnéto-électriques. Paris, Gauthier-Villars, 1881; br. in-4°.

— Études sur les machines magnétiques (Extr. *Ann. de l'Éc. Norm. sup.*, 2° série, t. X, 1881); br. in-4°.

— Traité élémentaire d'électricité. Paris, G. Masson, 1°° et 2° édit , 1889-1891; 2 vol. in-12.

Joubert (J.) et **Mascart (E.).** — Leçons sur l'Électricité et le Magnétisme. T. I : Phénomènes généraux et théorie. T. II : Méthodes de mesures et applications. Paris, G. Masson; 2 vol. in-8°.

Joule (James Prescott). — The Scientific Papers (Extr. *Phys. Soc.*, 1884); London, 1 vol. in-8°.

— New determination of the mechanical equivalent of heat (Extr. *Philos. Trans. of the Roy. Society*, 1878); br. in-4°.

Observations et Mémoires sur la Physique, sur l'Histoire naturelle et sur les Arts et Métiers. — Publiées par l'abbé Rozier. Années 1773 à 1793 et supplément de 1778 à 1782; 23 vol. in-4°.

Introduction aux observations sur la Physique, sur l'Histoire naturelle et sur les Arts. — Par l'abbé Rozier, 1777; 2 vol. in-4°.

Journal de Physique et de Chimie et d'Histoire naturelle. — Par Jean-Claude Lamétherie. Années 1794 et 1798 à 1813 et 1815, 1816; 19 vol. in-4°.

Journal de Physique et de Chimie et d'Histoire naturelle. — Publié par Ducrotay et Blainville. Année 1818; 1 vol. in-4°.

Journal de Physique théorique et appliquée. — Fondé par *J.-Ch. d'Almeida*, publié par Bouty, Cornu, Mascart et Potier; 1re sér. 1872 à 1881; 2e sér. 1882 à 1891; 3e série, 1892; 21 vol. in-8°.

Journal de Physique, Chimie et Histoire naturelle élémentaires. — Publié sous la direction de M. *A. Buguet.* Années 1886 à 1892; 7 vol. in-8°.

Journal and Proceedings of the Royal Society of New South Wales. — Années 1880 à 1891. Sydney, Ch. Potter; 12 vol. in-8°.

Journal of the Society of Telegraph Engineers. — Including original Communications on Telegraphy and electrical Science. Années 1872 à 1892; 21 vol. in-8°.

Jussieu (F. de). — Étude sur les alliages de plomb et d'antimoine. Liquation et sursaturations qu'ils présentent. Autun, De Jussieu, 1879; br. in-18.

Kabath (N. de). — Accumulateurs électriques à lames gaufrées (Extr. *Électricien*); br. in-8°.

Karsten (G.), Harms (F.), Weyer (G.). — Einleitung in die Physik. Leipzig, L. Voss, 1869; 1 vol. in-8°.

Kiessling (J.). — Die Dämmerungserscheinungen im Jahre 1883, und ihre physikalische Erklärung. Hamburg, L. Voss, 1885; br. in-8°.

— Zur Erklärüng der ringformigen Gegen-Dämmerung (Extr. *Meteorologische Zeitschrift*, 1885); br. in-4°.

— Nebelglüh-Apparat (Extr. *Abhandlungen des Natur. Vereins von Hamburg-Altona*, t. VIII, 1884); br. in-4°.

Kirchhoff (G.). — Gesammelte Abhandlungen. Leipzig, J.-A. Barth, 1882; 1 vol. in-8°.

Knoblauch (O.). — Absorptions-Spectralanalyse sehr verdünnter Lösungen (Extr. *Annalen der Physik und Chemie*, 1891); br. in-8°.

Knott (B.-C.) and J.-C. Mac Gregor. — On the thermo-electric Properties of Charcoal and certain Alloys, with a Supplementary Thermo-electric Diagram (Extr. *Phys. Trans.*, vol. XXVIII, part. II); br. in 4°.

Kohlrausch (F.). — Die elektrische Leitungsfähigkeit wassriger Lösungen im zustande aüsserster Verdünnung (Extr. *Nachrichten von der königlichen Gesellschaft der Wissenschaften und der Georg. Augusts-Universität zu Göttingen*, n° 2, 1885); br. in-8°.

Kœnig (Rudolph). — Quelques expériences d'acoustique. Paris, 1882; 1 vol. in-8°.

Kopp. — Messungen an Accumulatoren verschiedener Systeme (Extr. *Jahrb. der Phys. Gesellschaft in Zurich für das Jahr* 1889). Nebst zwei wissenschaftlichen Beilagen. Zurich, A. Diggelman, 1890; br. in-8°.

Kraïewitsch (K.). — Ueber die latente Siedevärme und ihre Abhängigkeit von anderen beobachtbaren physikalischen Grossen (Extr. *Rep. der Phys. von Fr. Exner*); br. in-8°.

Kundt. — Ueber eine einfache Methode zur Untersuchung der Thermo-Actino-und Piezoelectricität der Krystalle (Extr. *Annalen der Phys. und Chemie*, t. XX, 1883); br. in-8°.

— Die elektromagnetische Drehung der Polarisationsebene des Lichtes durch Eisen, Cobalt und Nickel (Extr. *Akad. der Wissenschaften zu Berlin*, 1884; br. in-8°.

— Benutzung der Schlierenmethode zur Untersuchung von Verwachsungen in Quartz (Extr. *Ann. der Phys. und Chemie*, t. XX, 1883); br. in-8°.

Lachez (Th.). — Acoustique et optique des salles de réunion. Paris, Auteur, 1879; 1 vol. in-8°.

Lagrange (E.) et Hoho (P.). — Étude sur un phénomène lumineux et calorifique produit par le courant électrique dans les liquides. (Extr. *Bull. de l'Acad. Roy. de Belgique*, t. XXII, 1891); br. in-8°.

Lallemand (Ch.) et Marx (L.). — Note sur les travaux effectués par le service du nivellement général de la France en 1887. Suivi de deux annexes sur la théorie du nivellement et sur le médimarémètre, nouvel appareil pour la détermination du niveau moyen de la mer, par M. Ch. Lallemand (Extr. *Compte rendu de la Conférence tenue à Nice, en octobre* 1887, *par la Commission permanente de l'Association géodésique internationale*). Neuchâtel, Attinger, 1888; in-4°.

Lamansky (S.). — Untersuchungen über Schmieröle (Extr. *Dingler's Polyt. Journal*, 1883); br. in-8°.

— Zur Frage der Beleuchtung mittels Naphtasgases (Extr. *Dingler's Polyt. Journal*, 1887); br. in-8°.

— Vergliechende Untersuchung verschiedener Gasbrenner (Extr. *Schilling's Journal für Gasbeleuchtung und Wasserversorgung*, 1888); München, Oldenbourg, 1888; br. in-4°.

Landolt (Dr **H.**) und **Börnstein** (Dr **Richard**). — Physikalisch-chemische, Tabellen, Berlin, J. Springer, 1883; 1 vol. in-8°.

Lapparent (**A. de**). — Cours de Minéralogie, 2° édition. Paris. F. Savy, 1890, 1 vol. in-8°.

Lartigue. — Note sur la marche des courants dans les appareils électro-sémaphoriques; 1875. br. in-4°.

Lartigue et **Forest.** — Sifflet électro-automoteur pour locomotives, adopté au Chemin de fer du Nord, et autres applications industrielles de l'électro-aimant Hughes. Paris, Dejey et Cie, 1873; br. in-8°.

Lartigue, Teste et **Prud'homme.** — Appareils électro-sémaphoriques pour l'exploitation des chemins de fer à deux voies par section, ou pour l'exploitation à simple voie « Block-System » adopté au Chemin de fer du Nord. 2° édition, 1875; br. in-4°.

Laussedat (**le colonel**). — De l'influence civilisatrice des Sciences appliquées aux Arts et à l'Industrie. Discours prononcé à Oran, le 20 mars 1888, à la séance d'ouverture du Congrès de l'Association française pour l'avancement des Sciences. Paris, Imprimerie nationale, 1888; br. in-8°.

Le Blanc (**F.**). — Le laboratoire et l'enseignement de J.-B. Dumas (Extr. *Génie civil* et *Bull. de la Société chimique de Paris*, 1884); br. in-8°.

— Notice nécrologique sur Pierre-Antoine Fabre. (Extr. *Bull. de la Soc. d'Encouragement*, 1880); br. in-4°.

Lechat (**François-Honoré**). — Des vibrations à la surface des liquides (Thèse, janvier 1880). Paris, Gauthier-Villars, 1880; br. in-4°.

Le Chatelier (**H.**). — Recherches expérimentales sur la construction des mortiers hydrauliques (Extr. *Ann. des Mines*, mai-juin 1887); br. in-8°.

Le Chatelier (**H.**) et **Mallard** (**E.**). — Recherches expérimentales et théoriques sur la combustion des mélanges gazeux explosifs (Ext. des *Ann. des Mines*, Paris, Dunod, 1883); 1 vol. in-8°.

Leclerc (**Firmin**). Almanach annuaire de l'Électricité et de l'Électrochimie. Années 1889, 1890 et 1891; 1 vol. in-12.

Lefèvre-Pontalis. — Bibliographie des Sociétés savantes de la France. Paris, Imprimerie nationale, 1887; 1 vol. in-4°.

Le Cordier (**Paul**). — Actions électrodynamiques renfermant des fonctions arbitraires : hypothèses qui déterminent ces fonctions (Extr. *Journal de Math. de Liouville*, 1885); br. in-4°.

— Actions mécaniques produites par les aimants et par le magnétisme terrestre (Extr. *Journal de Math. de Liouville*, 1884); deux br. in-4°.

— Théorie des actions électrodynamiques les plus générales qui puissent être observées (Extr. *Journal de Math. de Liouville*, 1884); br. in-4°.

Lehmann (O.). — Mikrophysikalische Untersuchungen (Extr. *Zeitschrift für Krystallographie*, 1887); br. in-8°.

— Ueber electrische Entladung in Gasen (Extr. *Ann. der Phys.*, 1884); br. in-8°

Lemonnier et Sautter. — Éclairage électrique du cuirassé « le Richelieu ». Paris, Chaix, 1884; brochure in-8°.

— La lumière électrique dans les usines. Installation faite aux ateliers Cail, à Paris (Extr. *Electricien*, 1884); br. in-8°.

Lemström (Selim). — L'aurore boréale : étude générale des phénomènes produits par les courants électriques de l'atmosphère. Paris, Gauthier-Villars, 1886; 1 vol. in-8°.

— Expériences de l'influence de l'électricité sur les végétaux. Helsingfors, J.-C. Frenckell et fils, 1890; br. in-4°.

Lera (Enrico Boggio). — Calcolo della forza elettrica nella scarica fra due sfere (Extr. *R. Acc. dei Lincei*, 1891); br. in-4°.

Leray (Le P. A.). — Complément de l'essai sur la synthèse des forces physiques. Chaleur et pesanteur. Théories cinétiques. Cohésion et affinité. Paris, Gauthier-Villars et fils, 1892; 1 vol. in-8°.

Libert. — Note sur les corrections thermométriques et les points de concordance des diverses échelles thermométriques (Extr. *Bull. de la Soc. d'Études scientifiques du Finistère*, 1883); br. in-8°.

— Notes sur la machine pneumatique et sur la dissolution des gaz (Extr. *Bull. de la Soc. d'Études scientifiques du Finistère*, 1883); br. in-8°

— Notes de Physique (Extr. *Bull. de la Soc. d'Études scientifiques du Finistère*, 1884); br. in-8°.

— Catalogue minéralogique et pétrologique du Finistère (Extr. *Bull. de la Soc. d'Études scientifiques du Finistère*, 1885); br. in-8°.

Lippich (Fr.). — Bemerkung zu der Abhandlung des Herrn G.-H. von Wyss : Ueber eine neue Methode zur Bestimmung der Rotations-dispersion einer activen Substanz und über einen Fall von anomaler Dispersion (Extr. *Ann. der Phys. und Chemie*, t. XXXVI, 1889); br. in-8°.

— Bemerkung zu einem Satze aus Riemann's Theorie der Functionen einer veränderlichen complexen Grösse (Extr. *Akad. der Wissensch.*, 1871); br. in-8°.

— Fundamentale punkte eines Systemes centricter brechender Kugelflächen (**Extr.** *Mittheilungen der Natur. Vereines für Steiermark*, 1871); br. in-8°.

— Studien über den Phonautographen von Scott (Extr. *Akad. der Wissench.*, 1864); br. in-8°.

— Ueber Darstellung und Anwendung der Schwingungscurven (Extr. *Akad. der Wissench.*, 1864); br. in-8°.

— Ueber Brechung und Reflexion unendlich dünner Strahlensysteme auf Kugelflächen (Extr. *Akad. der Wissench. in Wien*, 1877); br. in-4°.

— Ueber die Breite der Spectrallinien (Extr. *Pogg. Ann.*, t. CXXXIX); br. in-8°.

— Ueber den Gang der Lichtstrahlapparate in einer homogenen Kugel (Extr. *Akad. der Wissensch. in Wien*, 1879); br. in-8°.

— Ueber die Lichtstärke der Spectralapparate (Extr. *Central-Zeitung für Optik und Mechanik*); br. in-4°.

— Ueber die Natur der Aetherschwingungen im unpolarisirten und theilweise polarisirten Lichte (Extr. *Akad. der Wissensch. in Wien*, 1863); br. in-8°.

— Ueber die transversalen Schwingungen belasteter Stäbe (Extr. *Akad. der Wissensch. in Wien*, 1863); br. in-4°.

— Ueber ein Halbschattenpolarimeter (Extr. *Natür. Jahrbuch « Lotos »*, 1880); br. in-8°.

— Ueber ein neues von de Saint-Venant ausgesprochenes Theorem der Mechanik (Extr. *Akad. der Wissensch. in Wien*, 1866); br. in-8°.

— Ueber einen neuen Fallapparat (Extr. *Akad. der Wissensch. in Wien*, 1865); br. in-8°.

— Ueber polaristrobometrische Methoden, insbesondere über Halbschattenapparate (Extr. *Akad. der Wissensch. in Wien*, 1885); br. in-8°.

— Untersuchung über den Zusammenhang der Flächen im Sinne Riemann's (Extr. *Math. Annalen*, VII); br. in-8°.

— Untersuchung über die Spectralasförmiger Körper (Extr. *Akad. der Wissensch. in Wien*, 1880); br. in-8°.

— Ueber polaristrobometrische Methoden (Extr. *Akad. der Wissensch. in Wien*, 1882); br. in-8°.

— Vorschlag zur Construction eines neuen Spectralapparates (Extr. *Zeitschrift fur Instrumentenkunde*, 1884); br. in-4°.

— Zur Theorie der Electrodynamik (Extr. *Akad. der Wissensch. in Wien*, 1877);

— Zur Theorie der Halbschattenpolarimeter (Extr. *Akad. der Wissensch. in Wien*); br. in-8°.

— Zur Theorie der Polyeder (Extr. *Akad. der Wissensch. in Wien*, 1881); br. in-8°.

— Ueber ein neues Halbschattenpolarimeter (Extr. *Zeitschrift für Instrumentenkunde*, 1882); br. in-4°.

— Ueber die Bestimmung von magnetischen Momenten, horizontalintensitäten und Stromstärken nach absoluten Masse (Extr. *Akad. der Wissensch. in Wien*, 1889); br. in-8°.

Lodge (O.). — Les théories modernes de l'électricité. Essai d'une théorie nouvelle. (Traduit de l'anglais et annoté par M. Meylan). Paris, Gauthier-Villars et fils, 1891; 1 vol. in-8°.

Lucchi (G. de). — Intorno all' influenza della magnetizzazione sulla conductibilità elettrica dell ferro in direzione assiale ed equatoriale (Extr. *Atti R. Istituto veneto,* t. VIII); br. in-8°.

— Sulla dilatazione termica del sodio allo stato solido. Ricerca sperimentale (Extr. *Atti R. Istituto veneto,* t. VI); br. in-8°.

Lussana (S.) et Bellati (M.). — Alcune esperienze sull' occlusione dell' idrogeno nel nickel (Extr. *Atti R. Istituto veneto,* t. VII, 1889); br. in-8°.

— Alcune ricerche elettriche sui seleniuri di rame e d'argent Cu^2Se, Ag^2Se (Extr. *Atti R. Ist. veneto,* 6° série, t. VI, 1888); br. in-8°.

— Alcune ricerche sull' occlusione del idrogeno nel ferro e sulla tenacità di qualche metallo che abbia assorbito un gas (Extr. *Atti R. Ist. veneto,* 6° série, t. VII, 1889); br. in-8°.

— Azione della luce sulla conductibilità calorifica del selenio cristallino (Extr. *Atti del R. Ist.,* 6° série, t. V, 1887); br. in-8°.

— Sul passagio dell' idrogeno nascente attraverso il ferro a temperatura ordinaria. Studio sperimentale (Extr. *Atti R. Ist. veneto,* 7° série, t. I); br. in-8°.

— Sul passagio di correnti elettriche attraverso cattivi contatti. Ricerche sperimentali (Extr. *Atti R. Ist. veneto,* 6° série, t. VI, 1888); br. in-8°.

— Appendice alla Nota sul passaggio dell' idrogeno nascente attraverso il ferro a temperatura ordinaria. Venezia, Antonelli, 1891; br. in-8°.

— Sul modo con cui varia la temperatura di trasformazione del nitro, per l'aggiunta di nitrati, e sul nesso di tale variazione, coll' abbassamento del punto di gelo delle soluzioni diluite. Ricerche sperimentali (Extr. *Atti R. Istituto veneto,* 7° série, t. II, 1891); br. in-8°.

Macé de Lépinay (J.). — Sur la double réfraction du quartz (Extr. *Annales de la Faculté des Sciences de Marseille*); br. in-4°.

— Mesures absolues effectuées au moyen du sphéromètre (Extr. *Journal de Physique,* 1888); br. in-8°.

— La matière radiante et le radiomètre. Conférence faite à la Société scientifique industrielle de Marseille le 13 mai 1880; br. in-8°.

Macé de Lépinay (J.) et Nicati (W.). — Relation entre la loi de Bouguer-Masson et le phénomène de Purkinje (Extr. *Comptes rendus des séances de l'Académie des Sciences,* 1882); br. in-4°.

— Recherches sur la comparaison photométrique des diverses parties d'un même spectre. (Extr. *Annales de Chimie et de Physique,* 1881-83, 1ᵉʳ et 2° Mémoire); 2 br. in-8°.

Macé de Lépinay (J.) et Pérot (A.). — Sur une reproduction artificielle du mirage et des franges d'interférences qui peuvent accompagner ce phénomène (Extr. *Comptes rendus des séances de l'Académie des Sciences,* mai 1889); br. in-4°.

Mach (**J.**). — Die Gestalten der Flüssigkeit, die Symmetrie. Prag, J.-G. Calve, 1872; 1 vol. in-8°.

— Beiträge zur Analyse der Empfindungen. Iena, G. Fischer, 1886; br. in-8°.

— Die Mechanik in ihrer Entwickelung historisch-kritisch dargestellt. Leipzig, F.-A. Brockhaus, 1883; 1 vol. in-16.

— Ueber die Grundbegriffe der Elektrostatik (Menge, Potential, Capacität, u. s. w.) (Extr. *Zeitschrift des elektrotechnischen Vereines in Wien*, 1883); br. in-8°.

— Zur Analyse der Tonempfindungen (Extr. *Akad. der Wissensch. in Wien*, 1885); br. in-8°.

— Beiträge zur Döpplerschen Theorie der Ton und Farbenänderung durch Bewegung. Prag, J.-G. Calve, 1874; br. in-8°.

— Optisch-akustische Versuche. Die spectrale und stroboscopische Untersuchung tönender Körper. Prag, J.-G. Calve, 1873; br. in-8°.

— Die Geschichte und die Wurzel des Satzes von der Erhaltung der Arbeit. Prag, J.-G. Calve, 1872 ; br. in-8°.

— Ueber Herrn A. Guébhard's Darstellung der Aequipotentialcurven. (Extr. *Akad. der Wissensch. in Wien*, 1882); br. in-8°.

— Ueber die Fortpflanzungsgeschwindigkeit des durch scharfe Schüsse erregten Schalles (Extr. *Akad. der Wissensch. in Wien*, 1888); br. in-8°.

— Grundlinien der Lehre von den Bewegungsempfindungen. Leipzig, W. Engelmann, 1875; br. in-8°.

— Versuche und Bemerkungen über das Blitzableitersystem des Herrn Melsens (Extr. *Akad. der Wissensch. in Wien*, 1883); br. in-8°.

Mach (**E.**) et **Arbes**. — Einige Versuche über Reflexion und anomale Dispersion (Extr. *Akad. der Wissensch. in Wien*, 1885); br. in-8°.

Mach (**E.**) et **Salcher** (**P.**). — Photographische Fixirung der durch Projectile in der Luft eingeleitein Vorgänge mit 1 Tafel und 8 Holzschnitten (Extr. *Akad. der Wissensch. in Wien*, 1887); br. in-8°.

Mach (**E.**) et **Wentzel** (**J.**). — Ein Beitrag zur Mechanik der Explosionen; br. in-8°.

Madamet (**A.**). — Note sur un appareil destiné à enregistrer à bord d'un navire la loi d'un mouvement quelconque (Extr. *Revue mar. et col.* Paris, Berger-Levrault, 1876); br. in-8°.

— La Thermodynamique et ses applications aux machines à vapeur. Paris, E. Bernard, 1889.

— Résistance des matériaux : Notions générales, traction, compression, glissement. Paris, Gauthier-Villars, 1881; 1 vol. in-8°.

— Résistance des matériaux. Paris, E. Bernard et Cie, 1891; 1 vol. in-8°.

— Traité et aide-mémoire des déviations des compas. Paris, Gauthier-Villars, 1882; 1 vol. in-8° avec atlas.

Mallard (E.). — Traité de Cristallographie mathématique et physique. Paris, Dunod; 2 vol. in-8° avec atlas.

— Les groupements cristallins. Conférence faite à la Société chimique de Paris (Extr. *Revue scientifique*, 1887); br. in-8°.

— Sur les propriétés optiques des mélanges cristallins de substances isomorphes et sur l'explication de la polarisation rotatoire. (Extr. *Ann. des Mines*, 1889); br. in-8°.

Mallard (E.) et **Le Chatelier (H.).** — Recherches expérimentales et théoriques sur la combustion des mélanges gazeux explosifs (Extr. *Ann. des Mines*. Paris, Dunod, 1883); 1 vol. in-8°.

Malo (L.). — Notice sur Eugène Flachat (Extr. *Soc. des Ing. civils*. Paris, 1873); br. in-8°.

Mangon (Hervé). — Note sur un appareil de M. Melsens dit *Rhé-électromètre* (Extr. *Bull. Soc. d'Encourag. pour l'Ind. nat.*, 1875); br. in-8°.

Marek (W.-J.). — Pesées exécutées au Bur. int. des Poids et Mesures, du 1ᵉʳ octobre 1881 au 15 janvier 1883 (Ext. des *Trav. et Mém. du Bull. int. des Poids et Mesures*, Iʳᵉ Part. t. III, 1885); in-4°.

Marangoni (C.). — Sulla vesicica natatoria dei pesci (Extr. *Riv. scien. ind.*, 1879); br. in-8°.

Marx (L.) et **Lallemand (Ch.).** — Note sur les travaux effectués par le service du nivellement général de la France en 1887. Suivi de deux annexes sur la théorie du nivellement et sur le médimarémètre, nouvel appareil pour la détermination du niveau moyen de la mer; par M. Ch. Lallemand. (Extr. *Comptes rendus de la Conf. tenue à Nice en octobre 1887 par la Commission permanente de l'Assoc. géodésique internationale*). Neuchâtel, Attinger, 1888; br. in-4°.

Mascart (E.). — Traité d'électricité statique. Paris, G. Masson, 1876; 2 vol. in-8°.

— Traité d'Optique. Paris, Gauthier-Villars et fils, 1889-1891; 2 vol. in-8°.

Mascart (E.) et **Joubert (J.).** — Leçons sur l'électricité et le magnétisme. T. I. Phénomènes généraux et théorie; t. II. Méthodes de mesures et applications. Paris, G. Masson; 2 vol in-8°.

Mathias (E.). — Sur les chaleurs spécifiques des dissolutions (Extr. *Journal de Physique*, t. VIII, 1889); br. in-8°.

— Sur la chaleur de vaporisation des gaz liquéfiés. (Thèse.) Paris, Gauthier-Villars et fils, 1890; br. in-4°.

Maumené. — Notice sur le gazhydromètre, appareil destiné à mesurer les gaz dans les analyses scientifiques et industrielles par l'écoulement d'un égal volume d'eau. Paris, G. Masson, 1875; br. in-4°.

Maupeou (de). — Étude relative aux générateurs multitubulaires, 1890 ; br. in-4°.

Maxwell (J.-Clerk). — Traité d'électricité et de magnétisme. Traduit par Seligmann-Lui, avec notes et éclaircissements par MM. Potier, Cornu et Sarrau. Paris, Gauthier-Villars, 1885 ; 2 vol. in-8°.

Mayor (Paul). — Du maintien d'un corps dans l'espace au moyen d'une force motrice. Lausanne, G. Bridel, 1884 ; br. in-8°.

Meardi (Paolo). — Sul nuovo autosistema telegrafico Meardi-Garrone. Torino, C. Favale, 1872 ; br. in-8°.

Melsens. — Des paratonnerres à pointes, à conducteurs et à raccordements terrestres multiples. Description détaillée des paratonnerres établis sur l'Hôtel de Ville de Bruxelles en 1865. Bruxelles, Hayez, 1877 ; 1 vol. in-8°.

— Rapport sur la 5ᵉ question du concours de 1872 : On demande une discussion complète de la question de la température de l'espace, basée sur des expériences, des observations et le calcul, motivant le choix à faire entre les différentes températures qu'on lui a attribuées (Extr. *Acad. roy. de Belgique*, décembre 1872) ; br. in-8°.

— Rapports faits en 1884 à l'Académie royale de Belgique : 1° Sur un chronographe de M. Le Boulengé ; 2° Sur un nouveau chronographe de M. Valérius ; 3° Sur les vibrations communiquées par M. Valérius (Extr. *Acad. roy. de Belgique*, 1884) ; br. in-8°.

— Notes chimiques et chimico-physiques (Extr. *Acad. roy. de Belgique*, 1873) br. in-8°.

— Rapport sur les recherches expérimentales sur la relation qui existe entre la résistance de l'air et sa température, par M. G.-A. Hirn (Extr. *Acad. roy. de Belgique*, 1881) ; br. in-8°.

— De l'application du rhé-électromètre aux paratonnerres des télégraphes (Extr. *Acad. roy. de Belgique*, 1877) ; br. in-8°.

— Notice sur le coup de foudre de la gare d'Anvers du 10 juillet 1865 (Extr. *Acad. roy. de Belgique*, 1875) ; br. in-8°.

— Recherches sur la persistance des impressions sur la rétine (Extr. *Acad. roy. de Belgique*, 1857) ; br. in-8°.

— Quatrième Note sur les paratonnerres. Observations préliminaires (Extr. *Acad. roy. de Belgique*, 1875) ; br. in-8°.

— Cinquième Note sur les paratonnerres. Observations sur le coût des paratonnerres, sur quelques points des instructions françaises et sur la nécessité de nouvelles instructions (Extr. *Acad. roy. de Belgique*, 1878) ; in-8°.

— Paratonnerres ; Notes et Commentaires. Bruxelles, F. Hayez, 1882 ; 1 vol. in-8°.

— Conférence sur les Paratonnerres faite au Congrès des Électriciens (Extr. *Revue scientifique*, n° 20, 1882) ; br. in-4°.

— Légendes et planches du travail des paratonnerres à pointes, à conducteurs et à raccordements multiples. Description détaillée des paratonnerres établis sur l'Hôtel de Ville de Bruxelles en 1865. Bruxelles, A.-N. Lebègue et Cⁱᵉ, 1885; 1 vol. in-4°.

Memorias de la Sociedad Cientifica « Antonio Alzate ». — Années 1887-92. 6 vol. in-8°.

Memoirs and Proceedings of the Manchester Literary and Philosophica Society. — Vol. 1, 2 et 4, 1887 à 1891; in-4°.

Mémoires de la Société d'émulation du Doubs. — 6ᵉ série, 1886 à 1891. Bésançon, Dodivers, 1890; 5 vol. in-8°.

Mémoires relatifs à la Physique, publiés par la Société française de Physique. — T. I, Mémoires de Coulomb; t. II et III, Électrodynamique; t. IV et V, Pendule; 5 vol. in-8°.

Mémoires publiés par la Société Philomathique à l'occasion du Centenaire de sa fondation, 1788-1888. — Paris, Gauthier-Villars et fils, 1888; 1 vol. in-4°.

Mendéléeff (D.). — Recherches expérimentales sur l'élasticité des gaz (en russe). Saint-Pétersbourg, 1872; 1 vol. in-4°.

Mendizabal Tamborrel (J. de). — Table des Logarithmes à huit décimales des nombres 1 à 125000 et des fonctions goniométriques sinus, tangente, cosinus, et cotangente de centimiligone en centimiligone et de microgone en microgone pour les 25000 premiers microgones et avec sept décimales pour tous les autres microgones. Paris, A. Hermann, 1891; 1 vol. in-4°.

Mergier (C.-E.). — Traité pratique de manipulations de Physique à l'usage des étudiants en médecine. Iʳᵉ Partie, Optique. Paris, Coccoz, 1888; 1 vol. in-12.

Messerschmitt (J.-B.). — Zur Photometrie der Himmelskörper (Dritter Jahresbericht der physikalischen Gesellschaft in Zurich für das Jahr 1889. Nebst zwei wissenschaftlichen Beilagen). Zurich, A. Diggelman, 1890; br. in-8°.

— Ueber einige Lothstörungen in der Westschweiz. Zurich, Diggelman, 1891; br. in-8°.

Mestre. — Rapport sur une question de priorité de M. Mestre au sujet de l'intégraphe de MM. Napoli et Abdank-Abakanowicz; br. in-8°.

Meurien (V.). — Observations météorologiques faites à Lille pendant les années 1876-1877-1878. Lille, Danel, 1878; 2 br. in-8°.

Michkine (N.), Kasine (N.) et Colley (R.). — Observations actinométriques faites à l'Observatoire météorologique de l'Académie de Petrowsky, près Moscou. (Un résumé en langue française se trouve à la fin du volume.) Moscou, 1890; 1 vol. in-4°.

Ministère de l'Instruction publique (Comité des Travaux historiques et scientifiques). — *Revue des Travaux scientifiques.* — T. I à X (1881 à 1891). Paris. Leroux; 11 vol. in-8°.

Mohr (Fr.). — Mechanische Theorie der chemischen Affinität und die neuere Chemie. Braunschweig, Fr. Vieweg, 1868; 1 vol in-8°.

Moissan (H.). — Recherches sur l'isolement du fluor (Extr. *Ann. de Phys. et de Chim.*, t. XII, 1887); br. in-8°.

Moncel (Th. du). — L'Éclairage électrique. Paris, Hachette, et Cie. 2e édit., 1 vol. in-16.

Montaud (B. de). — L'accumulateur employé comme transformateur à courants continus dans les stations centrales électriques (Mémoire présenté à la Soc. des Électriciens, 4 juillet 1888). Paris, Gauthier-Villars et fils, 1888; br. in-8°.

Montigny (Ch.). — De l'influence de l'état de l'atmosphère sur l'apparition des couleurs, dans la scintillation des étoiles, au point de vue de la prévision du temps (Extr. *Acad. roy. de Belgique*, 1884); br. in-8°.

— Influence des perturbations magnétiques sur la scintillation des étoiles (Extr. *Acad. roy. de Belgique*, 1883); br. in-8°.

— Notice sur la scintillation des étoiles dans ses rapports avec la constitution de leur lumière d'après l'analyse spectrale (Extr. *Acad. roy. de Belgique*, 1883); br. in-8°.

— Recherches expérimentales sur la cause de l'influence du vent sur la pression atmosphérique (Extr. *Bull. de l'Ac. roy. de Belgique*, 2e série, t. XI); br. in-8°.

— Mesures d'altitudes barométriques prises à la tour de la cathédrale d'Anvers par des vents de directions et de vitesses différentes (Extr. *Acad. roy. de Belgique*, 1867); br. in-8°.

— Influence du son des cloches sur la hauteur du baromètre (Extr. *Acad. roy. de Belgique*, 2e série, t. VI); br. in-8°.

— Notice sur la différence des pressions que l'air exerce sur le baromètre, selon qu'il est en repos ou en mouvement, et sur l'estimation des hauteurs dans les ascensions aérostatiques d'après les mesures barométriques (Extr. *Acad. roy. de Belgique*, 1875); br. in-8°.

— Notice sur la production successive d'éclairs identiques aux mêmes lieux de l'atmosphère, pendant l'orage du 2 juillet 1871 (Extr. *Acad. roy. de Belgique*, 1871); br. in-8°.

— Notice sur les effets de la foudre sur des arbres placés près d'un fil télégraphique (Extr. *Acad. roy. de Belgique*, 1881); br. in-8°.

— Nouvelles observations sur les effets de la foudre sur des arbres placés près d'un fil télégraphique (Extr. *Acad. roy. de Belgique*, 1882); br. in-8°.

— Notices sur la différence des appréciations de la grandeur apparente des images microscopiques par divers observateurs et sur l'éclairage des mines au moyen des sulfures phosphorescents (Extr. *Acad. roy. de Belgique*, 1880); br. in-8°.

— Essai sur des effets de réfraction et de dispersion produits par l'air atmosphérique (Extr. *Acad. roy. de Belgique*, t. XXVI, 1853); br. in-8°.

— Recherches sur l'indice de réfraction de la lumière blanche réfractée sans dispersion sensible (Extr. *Acad. roy. de Belgique*, 2ᵉ série, t. XIX); br. in-8°.

— Note sur le pouvoir dispersif de l'air (Extr. *Acad. roy. de Belgique*, 1867); br. in-8°.

— Corrélation entre le pouvoir réfringent et le pouvoir calorifique de diverses substances (Extr. *Acad. roy. de Belgique*, 1867); br. in-8°.

— Recherches sur la résistance des métaux employés dans la construction des paratonnerres aux effets de fusion par l'électricité (Extr. *Acad. roy. de Belgique*, 2ᵉ série, t. XVI); br. in-8°.

— Nouvelles recherches sur la fréquence de la scintillation des étoiles dans ses rapports avec la constitution de leur lumière d'après l'analyse spectrale (Extr. *Acad. roy. de Belgique*, 1874); br. in-8°.

— Recherches sur les variations de la scintillation des étoiles selon l'état de l'atmosphère (Extr. *Acad. roy. de Belgique*, 1878); br. in-8°.

— Les grandes découvertes faites en Physique depuis la fin du xviiiᵉ siècle. Discours prononcé à la séance publique du 16 décembre 1882 (Extr. *Acad. roy. de Belgique*, 1882); br. in-8°.

— Note sur des arcs-en-ciel surnuméraires (Extr. *Acad. roy. de Belgique*, 1879); br. in-8°.

— Note sur des phénomènes de coloration des bords du disque solaire près de l'horizon (Extr. *Acad. roy. de Belgique*, 1869); br. in-8°.

— Notice sur une particularité de l'aurore boréale du 2 octobre 1882 et sur l'accroissement d'intensité de la scintillation des étoiles pendant les aurores boréales (Extr. *Acad. roy. de Belgique*, 1882); br. in-8°.

— Recherches expérimentales sur cette question posée par Arago : La scintillation d'une étoile est-elle la même pour les observateurs diversement placés? (Extr. *Acad. roy. de Belgique*, 2ᵉ série, t. XVII); br. in-8°.

— Notice sur la scintillation des étoiles (Extr. *Acad. roy. de Belgique*, 1868); br. in-8°.

— Notice sur la scintillation et sur son intensité pendant l'aurore boréale observée à Bruxelles le 5 avril 1870 (Extr. *Acad. roy. de Belgique*, 1870); br. in-8°.

— Note sur l'application du diapason à l'étude de la propagation du son et des mouvements vibratoires dans les liquides (Extr. *Acad. roy. de Belgique*, 1880); br. in-8°.

— Nouvelle méthode de mesure de l'indice de réfraction des liquides (Extr. *Acad. roy. de Belgique*, 2ᵉ série, t. XVIII); br. in-8°.

— De l'accord entre les indications des couleurs dans la scintillation des étoiles et les variations atmosphériques (Extr. *Acad. roy. de Belgique*, 1885); br. in-8°.

— Note sur un nouveau scintillomètre (Extr. *Acad. roy. de Belgique*, 2ᵉ série, t. XVII); br. in-8°.

— Sur la prédominance de la couleur bleue dans les observations de scintillation aux approches et sous l'influence de la pluie (Extr. *Acad. roy. de Belgique*, 1879); br. in-8°.

— Notice sur la séparation des trajectoires décrites dans l'atmosphère par des rayons de même origine sidérale, mais de réfrangibilité différente, et sur les effets de cette séparation à l'égard de la scintillation (Extr. *Acad. roy. de Belgique,* 1870); br. in-8°.

— Recherches sur les changements de couleurs qui caractérisent la scintillation des étoiles de teintes rouge et orangée, ou de troisième type (Extr. *Acad. roy. de Belgique*, 1878); br. in-8°.

Moreau (A.). — Sur la vessie natatoire au point de vue de la station et de la locomotion (Extr. *Comptes rendus des séances de l'Académie des Sciences,* 1874); br. in-4°.

— Mémoire sur la vessie natatoire au point de vue de la station et de la locomotion du poisson; br. in-4°.

Moreau (A.) et **Petit (G.).** — Congrès international des procédés de construction. Comptes rendus des séances et visites du Congrès. Paris, Baudry, 1891; 1 vol. in-8°.

Morin (le général). — Notice historique sur le système métrique, sur ses développements et sur sa propagation (Extr. *Ann. du Conservatoire des Arts et Métiers*); br. in-8°.

Moser (J.). — The microphonic action of selenium cells (Extr. *Phil. Mag.*, 1881); br. in-8°.

— Electrostatic investigations, especially relating to the division of induction in the differential inductometer and in the electrophorus (Extr. *Phil. Mag.*, 1881); br. in-8°.

— Method und Apparat zur Bestimmung geringer Dampfspannungen (Extr. *Akad. der Wissensch. zu Berlin,* 1878); br. in-8°.

— Die Spectren der chemischen Verbindungen (Extr. *Ann. Pogg.*, t. CLX, 1877); br. in-8°.

— Der Kreisprocess, erzeugt durch den Reactionsstrom der electrolytischen Ueberführung und durch Verdampfung und Condensation (Extr. *Ann. der Phys. und Chemie,* 1881); br. in-8°.

— Das Inductions-Electrodynamometer (Extr. *Phil. Mag.*); br. in-8°.

— Galvanische Ströme zwischen verschiedenen concentrirten Lösungen desselben Körpers und deren Spannungsreihen (Extr. *Akad. der Wissenschaften zu Berlin,* 1877); br. in-8°.

Mouchot (A.). — La chaleur solaire et ses applications industrielles. Paris, Gauthier-Villars, 1869; 1 vol. in-8°.

Moure (**E.-J.**) et **Bergonié** (**J.**). — Du traitement par l'électrolyse des déviations et éperons de la cloison du nez. Paris, Doin, 1892; br. in-8°.

Moureaux (**Th.**). — Déterminations magnétiques faites en France pendant
l'année 1888 (Extr. *Ann. du Bur. cent. météor.*); br. in-4°.

— Déterminations magnétiques faites en France pendant l'année 1889 (Extr. *Ann.
du Bur. cent. météor.*); br. in-4°.

— Résumé des observations météorologiques faites par M. Hervé Mangon, à Bré-
court (Manche), de 1868 à 1889 (Extr. *Ann. du Bur. cent. météor.*, 1891); br.
in-4°.

Mourlon (**Charles**). — Grand concours international des Sciences et de l'Industrie. Bruxelles, 1888. Sous le haut patronage de Sa Majesté le Roi **des**
Belges. Desiderata et classification de la Section de l'Électricité (Extr. *Soc.
belge d'Élect.*, 30 juin 1887); br. in-4°.

— Rapport sur les Travaux de la Société belge des Électriciens pendant l'exer-
cice 1886-87; br. in-4°.

— L'Électricité à l'Exposition universelle d'Anvers (Extr. *Mouvem. industr.*,
Bruxelles, 1885); 1 vol. in-8°.

— Les téléphones usuels. Bruxelles, Lebègue; 1 vol. in-8°.

Mousson (Dr **Alb.**). — Die Physik auf Grundlage der Erfahrung. Zurich, Fr.
Schulthess, t. I, 1871; t. II, 2 fasc., 1872; t. III, 2 fasc., 1875.

— Auflösungen der Aufgaben des Grundsitzes der Physik und Meteorologie sowie
des dazugehörigen mathematischen Supplementbandes. Braunschweig, F. Vieweg und Sohn, 1866; 1 vol. in-8°.

— Mathematischen zum Grundsitz der Physik und Meteorologie. Braunschweig,
Fr. Vieweg und Sohn, 1866.

Mouton (**L.**). — Étude expérimentale sur les phénomènes d'induction électrodynamique (Thèse). Paris, Gauthier-Villars, 1876; br. in-4°.

Müller (Dr **John**). — Atlas zum Lehrbuch der kosmischen Physik. Braunschweig, Fr. Vieweg, 1872; 1 vol. in-8°.

— Lehrbuch des kosmischen Physik. Braunschweig, Fr. Vieweg, 1872; 1 **vol.**
in-8°.

Naccari (**A.**) e **Bellati** (**M.**). — Manuale di fisica pratica o guida alle ricerche fisiche sperimentali. Torino, E. Lœscher, 1874; 1 vol. in-12.

— Sul riscaldamento dei corpi isolanti solidi e liquidi in causa di successive polarizzazioni elettrostatiche. Torino, E. Lœscher, 1882; in-8°.

Navez. — Note sur la théorie du téléphone. Bruxelles, 1878; br. in-8°.

Navez père et fils. — Réponse aux observations de M. du Moncel. Bruxelles,
1878; br. in-8°.

Navez et du Moncel. — Discussion sur la théorie du téléphone. Bruxelles,
1878; br. in-8°.

Nerville (Fr. de). — Le bureau d'étalonnement des résistances électriques au Ministère des Postes et Télégraphes (Ext. des *Ann. Téllég.*, 1884); br. in-8°.

New South Wales in 1881. — Being a brief statistical and descriptive account of the Colony up to the end of the year extracted chiefly from official records. Compiled and edited by Thomas Richards. Second issue. Sydney, Th. Richards, 1882; 1 vol. in-8°.

Newlands (John A.-R.). — On the discovery of the periodic law and on relations among the atomic weights. London, Spon, 1884; 1 vol in-16.

Neyreneuf (M.). — Recherches sur le porte-voix et le pavillon des instruments de musique (Extr. *Mém. de l'Acad. nat. des Sc., Arts et Bell.-Lett. de Caen*, 1891); br. in-8°.

Niewenglowski (G.-H.). — L'objectif photographique, fabrication, essai, emploi. Paris, Soc. d'éditions scientifiques, 1892); petit in-8°.

Palaz (Adrien). — Traité de Photométrie industrielle spécialement appliquée à l'éclairage électrique. Paris, G. Carré, 1892; 1 vol. in-8°.

— Recherches expérimentales sur la capacité inductive spécifique de quelques diélectriques. (Thèse.) Lausanne, Corbaz, 1886; br. in-8°.

Paris-Photographe, publié par *Nadar*, 1re année (1891) et 2e année (1892); 2 vol. in-8°.

Pasqualini (Luigi). — Osservazioni continue della Elettricità atmosferica istitute a Firenze; br. in-8°.

Pasqualini (L.) et Roiti (A.). — Osservazioni continue della Elettricità atmosferica fatte a Firenze nel 1884 (Extr. *R. Istituto di Studi superiore pratici e di perfezionamento in Firenze*, 1885); br. in-4°.

Pearsea (Welter). — Lighting conductors of the Melsens system (Extr. *Electrician*); br. in-8°.

Pellat (H.). — Différence de potentiel des couches électriques qui recouvrent deux métaux au contact. (Thèse.) Paris, Gauthier-Villars, 1881; in-4°.

— Cours de Physique à l'usage des élèves de la classe de Mathématiques spéciales. Paris, P. Dupont, 1883-86; 2 vol. in-8°.

— Leçons sur l'Électricité faites à la Sorbonne en 1888-89, rédigées par **M. J.** Blondin. Paris, Carré, 1890; 1 vol. in-8°.

— Cours de Physique à l'usage des élèves de la classe de Mathématiques élémentaires et des candidats au Baccalauréat ès sciences. Paris, P. Dupont, 1891-92; 2 vol. in-12.

— Erwiederung auf die Kritik des Hrn. Ferdinand Brauss, betreffend das Gesetz über die Gleichheit der Potentiale beim Uebergang von einem Metalle zu der Lösung eines seiner Salze (Extr. *Ann. der Phys.*, t. XLIV, 1891); br. in-8°.

Pellin (Ph.). — Historique et catalogue de tous les instruments d'Optique supérieure appliqués aux Sciences et à l'Industrie. Paris, Crété, 1889; 1 vol. avec planches in-8°.

Pérard (L.). — Note sur le contact physique. Liège, Gothier, 1885; br. in-8°.

— Commentaire sur la torsion (Extr. *Revue univ. des Mines,* 1884); br. in-8°.

— Expériences sur l'élasticité rémanente et Notes sur la forme de la section de rupture et sur la forme de l'arête d'un prisme d'acier Bessemer tordu et détordu (5ᵉ fragment d'un travail sur la Torsion) (Extr. *Revue univ. des Mines,* 1880); br. in-8°.

— Note sur le développement du magnétisme induit par la terre dans le fer laminé nerveux (fragment d'un travail sur la Torsion) (Extr. *Bull. Acad. roy. de Belgique,* 1876); br. in-8°.

— Bericht über einige Apparate zum Studium der Elasticität von Metallen welche von Thomasset im Jahre 1878 in Paris ausgestellt wurden (Extr. *Ann. der Phys.*); br. in-8°.

Pernet (J.). — Ueber Vergleichungen von Normalmeterstäben (Extr. *Phys. Gesellschaft zu Berlin,* 1886); br. in-8°.

— Ueber barometrische Untersuchungen (Extr. *Phys. Gesellschaft zu Berlin,* 1886); br. in-8°.

— Ueber Barometervergleichungen neue Form des Quecksilbernormalthermometers (Extr. *Phys. Gesellschaft zu Berlin,* 1887); br. in-8°.

— Ueber die Arago' sche Methode zur Bestimmung der Spannung der Luft im sog. Vacuum der Barometer, und den Einfluss der Capillarität auf die Messung absoluter Drucke und Temperaturen (Extr. *Phys. Gesellschaft zu Berlin,* 1886); br. in-8°.

— Bericht über Arbeiten des Hrn. Benoît (Extr. *Phys. Gesellschaft zu Berlin,* 1886); br. in-8°.

— Comparaison des mètres dans l'air à la température ambiante (Extr. *Trav. et Mém. du Bur. int. des Poids et Mesures,* t. IV, Iʳᵉ Partie, 1885); in-4°.

— Sur les moyens d'éliminer dans l'évaluation des températures l'influence de la variation des points fixes des thermomètres à mercure (Extr. *Trav. et Mém. du Bur. int. des Poids et Mesures,* t. I, IIᵉ Partie, 1881); in-4°.

Pérot (A.) et **Macé de Lépinay (J.)**. — Sur une reproduction artificielle du mirage et des franges d'interférences qui peuvent accompagner ce phénomène (Extr. *Comptes rendus,* 20 mai 1889); br. in-4°.

Perry (John) and **Ayrton (W.-E.)**. — Experiments on the heat conduction in stone based on Fourier's « Théorie de la chaleur » (Extr. *Asiatic Society of Japan,* 1878); br. in-8°.

— The magic mirror of Japan (Extr. *Proceedings of the Roy. Soc.,* 1878); br. in-8°.

— The resistance of galvanometer coils (Ext. *Soc. of Telegraph Engineers,* 1878; br. in-8°.

— The resistance of the arc of the electric light (Extr. *Soc. of Telegraph Engineers,* 1878; br. in-8°.

— Note on electrolytic polarisation (Extr. *Soc. of Telegraph Engineers,* 1878);
br. in-8°.

Peschard (A.). — Les premières applications de l'Électricité aux grandes orgues. Paris, Larousse, 1890; 1 vol. in-8°.

Petit (**G.**) et **Moreau** (**A.**). — Congrès international des procédés de construction. Comptes rendus des séances et visites du Congrès. Paris, Baudry, 1891; 1 vol. in-8°.

Pihet. — Rapport fait au nom du Comité des Arts mécaniques de la Société d'Encouragement, sur le manchon élastique d'accouplement des arbres de transmission inventé par M. Raffard (Extr. *Bull. de la Soc. d'Encourag.*); br. in-4°.

Pfaundler (**L.**). — Das Princip der ungleichen Molecülzustande angewendet zur Erklärung der ubersättigten Lösungen, der überschmolzenen Körper, der Siedewerzüge, der spontanen Explosionen und des Krystallinischwerdens amorpher Korper (Extr. *Akad. der Wissensch. in Wien,* 1876); br. in-8°.

— Der « Kampf um's Dasein » unter den Molekülen; ein weiterer Beitrag zur chemischen Statik (Extr. *Ann. Pogg.*, 1873); br. in-8°.

— Die Entwerthung der Materie (Extr. *Akad. der Wissensch. in Wien,* 1888); br. in-8°.

— Die magnetoelektrische und die dynamoelectrische Maschine (Extr. *Zeitschrift fur Electrotechnik*, 1884); br. in-4°.

— Neue Theorie der Regelation des Eises (Extr. *Akad. der Wissensch. in Wien,* 1869); br. in-8°.

— Ueber das Wachsen und Abnehmen der Krystalle in ihrer eigenen Lösung und in der Losüng isomorphe Salze (Extr. *Akad. der Wissensch. in Wien,* 1875); br. in-8°.

— Ueber die Anwendung des Döppler'schen Princips auf die fortschreitende Bewegung leuchtender Gasmolekülc (Extr. *der Wissensch. in Wien,* 1877); br. in-8°.

— Ueber die Bedeutung des Physik für die Medicin, Vortrag gehalten in der Festversammlung des naturwissenschaftlich-medicinischen Vereines in Innsbruck zur Feier seines 5 Jährigen Stiftungsfestes am 3 März 1875 (Extr. *Berichten des Naturw. Med. Vereins*); br. in-8°.

— Ueber A. Horstmann's Dissociations Theorie und über die Dissociation fester Körper (Extr. *Berichte der deutschen chem. Gesellschaft zu Berlin,* 1876); br. in-8°.

— Ueber Dampfdichtebestimmungen bei hohen Temperaturen an Substanzen, welche Quecksilber angreifen (Extr. *Ber. der deutschen ch. Gesellschaft zu Berlin,* 1879); br. in-8°.

— Ueber das Wesen des weichen oder halbflüssigen Aggregatzustandes; über Regelation und Rekrystallisation (Extr. *Akad. der Wissensch. in Wien,* 1876); br. in-8°.

— Ueber die Berechnung der Temperaturcorrection bei calorimetrischen Messungen (Extr. *Ann. der Phys.*, 1880); br. in-8°.

— Ueber die beim Mischen von Schwefelsaüre mit Wasser auftretenden Wärmen und Temperaturen im Zusammenhang mit den Molecularwärmen und Siedepunkten der dabei entstandenen Hydrate (Extr. *Akad. der Wissensch. in Wien*, 1875); br. in-8°.

— Ueber die Einwirkung stark comprimirter Kohlensaüre auf Glas unter dem Einfluss von Licht (Extr. *Ann. der Phys.*, 1885); br. in-8°.

— Ueber die geringste absolute Anzahl von Schaftimpulsen welche zur Hervorbringung eines Tones nöthig ist (Extr. *Akad. der Wissensch. in Wien*, 1877); br. in-8°.

— Ueber die Mantelringmaschine von Kravogl und deren Verhältnits zur Maschine von Pacinotti-Gramme nebst Vorschlägen zur Construction verbesserter dynamoelektrischer Maschinen (Extr. *Akad. der Wissensch. in Wien.*, 1883); br. in-8°.

— Ueber die specifische Wärme des Wassers, nach Versuchen von Dr. Baumgartner mitgetheilt. (Extr. *Ann. der Phys. und Chemie*, 1879); br. in-8°.

— Ueber die Temperatur der Dämpfe aus siedenden Salzlösungen. (Extr. *Berichte der deustchen chem. Gesel. zu Berlin*, 1877); br. in-8°.

— Ueber die ungleiche Löslichkeit der verschiedenen Flächen eines und desselben Krystalls und den Zusammenhang dieser Erscheinung mit allgemeinen naturwissenschaftlichen Principien. (Extr. *Akad. der Wissensch. in Wien*, 1875); br. in-8°.

— Ueber die Wärmecapacität verschiedener Bodenarten und deren Einfluss auf die Pflanze, nebst kritischen Bemerkungen über Methoden der Bestimmung derselben (Extr. *Akad. der Wissensch. in Wien*, 1866); br. in-8°.

— Ueber differenzial-Luftthermometer. (Extr. *Akad. der Wissensch. in Wien*, 1875); br. in-8°.

— Ueber einen Apparat zur Demonstration der Zusammensetzung beliebiger Rechtwirkung aufeinander stattfindender Schwingungen (Extr. *Akad. der Wissensch. in Wien*, 1873); br. in-8°.

— Ueber Kältemischungen im allgemeinen und speciell über jene aus Schnee und Schwefelsäure (Extr. *Akad. der Wissensch. in Wien*, 1875); br. in-8°.

— Elementare Ableitung der Grundgleichung der dynamischen Gastheorie (Extr. *Akad. der Wissensch. in Wien*, 1871); br. in-8°.

— Ueber die Energiedifferenz des phosphorsaüren Natrons bei verschiedenem Gehalte an Krystallwaser (Extr. *Akad. der Wissensch. in Wien*, 1871); br. in-8°.

— Ueber die Molekularwärme der Schwefelsaürehydrate und deren Verbindungswärme beim Mischen mit Wasser (Extr. *Berichten der deutschen chem. Gesellschaft zu Berlin*, 1870); br. in-8°.

— Ueber eine neue Methode zur Bestimmung der Wärmecapacität von Flüssig-
keiten (Extr. *Akad. der Wissensch. in Wien*, 1869); br. in-8°.

— Ueber eine verbesserte Methode Wärmecapacitäten mittelst des elektrischen
Stromes zu bestimmen (Extr. *Akad. der Wissensch. in Wien*, 1891); br.
in-8°.

— Auszug aus dem Vertrage : über den Kampf um's Dasein unter den Molekülen
(Extr. *Bericht der Naturw-mad-Vereins*, 1875).

— Bemerkungen zu der Abhandlung von H. Hübner und H. Wiesinger : über die
Wirkung einer schwachen Säure auf das Salz einer stärkeren Säure (Extr.
Berichte der deutsch. chem. Gesellschaft zu Berlin, 1875).

Pfaundler (L.) et Oppenheim. — Action du cyanure de potassium sur l'acide
dinitrophénique (Extr. *Bull. de la Soc. chimique*, 1865); br. in-8°.

Pfaundler (L.) und Hugo Platter. — Ueber die Wärmecapacität des Wassers
in der Nähe seines Dichtigkeitsmaximums (Extr. *Akad. der Wissensch. in
Wien*, 1870); br. in-8°.

Pfaundler (L.) und Schnegg (E.). — Ueber die Erstarrungstemperaturen der
Schwefelsäurhydrate und die Zusammensetzung der ausgeschiedenen Krystall-
massen, nebst Erörterung der erhaltenen Resultate. (Extr. *Akad. der Wissensch.
in Wien*, 1875 mit 1 Tafel); br. in-8°.

Philosophical Magazine and Journal of Science. 4ᵉ série, 1873 à 1875, et
5ᵉ série, 1876 à 1892; 38 vol. in-8°.

**Physical Memoirs selected and translated from foreing sources, under
the direction of the Physical Society of London,** vol. I, Part II et III
(1888-90); in-8°.

Pierre (J. Isidore). — Recherches sur la thermométrie et sur la dilatation des
liquides. Caen, Leblanc-Hardel, 1878; 1 vol. in-8°.

Piltschikoff (N.). — Étude sur les anomalies locales du magnétisme terrestre
(en russe; résumé en langue française). Saint-Pétersbourg, 1888; 1 vol. in-8°.

Pionchon (J.). — Recherches calorimétriques sur les chaleurs spécifiques et les
changements d'état aux températures élevées. (Thèse.) Paris, Gauthier-Villars,
1886; in-4°.

Pisko (Dʳ Fr. Jos.). — Die neueren Apparate der Akustik. Wien, Carl Gerold's
John, 1865; 1 vol. in-8°.

Planat (P.). — Cours de construction civile, 2ᵉ Partie. Nouveau règlement pour
la construction et l'ameublement des écoles primaires, avec analyses, article
par article, commentaires et développements pratiques. Paris, Ducher et Cⁱᵉ,
1881; 1 vol. in-8°.

Planté (Gaston). — Recherches sur l'électricité. Paris, Fourneau, 1879; 1 vol.
in-8°.

— Analogies entre les phénomènes électriques et les effets produits par des actions mécaniques. Conséquences relatives à la nature de l'électricité. (Extr. *Recherches sur l'électricité*, 1879; br. in-8°.

Plateau (J.). — Bibliographie analytique des principaux phénomènes subjectifs de la vision depuis les temps anciens jusqu'à la fin du XVIII° siècle, suivie d'une bibliographie simple pour la partie écoulée du siècle actuel. *Première Section.* Persistance des impressions sur la rétine. — *Deuxième Section.* Couleurs accidentelles ordinaires de succession. — *Troisième Section.* Images qui succèdent à la contemplation d'objets d'un grand éclat ou même d'objets blancs bien éclairés. — *Quatrième Section.* Irradiation. — *Cinquième Section.* Phénomènes ordinaires de contraste. — *Sixième Section.* Ombres colorées (Extr. *Mém. de l'Acad. Roy. de Belgique*, 1877-1878); 6 br. in-4°.

— Bibliographie analytique des principaux phénomènes subjectifs de la vision. (2° Supplément comprenant les années 1878 et 1879 et 3° Supplément comprenant les années 1880, 1881 et 1882) (Extr. *Mém. de l'Acad. roy. de Belgique*, 1880); br. in-4°.

— Une application des images accidentelles (2° Note) (Extr. *Bull. de l'Acad. roy. de Belgique*, 1881); 2 br. in-8°.

— Sur l'observation des mouvements très rapides lorsqu'ils sont périodiques (Extr. *Bull. de l'Acad. roy. de Belgique*, 1883); br. in-8°.

— Une petite illusion (Extr. *Bull. de l'Acad. roy. de Belgique*, 1882); br. in-8°.

— Quelques expériences sur les lames liquides minces (1° et 2° notes) (Extr. *Bull. de l'Acad. roy. de Belgique*, 1881 et 1883); 2 br. in-8°.

— Sur des sensations que l'auteur éprouve dans les yeux (Extr. *Bull. de l'Acad. roy. de Belgique*, 1882); br. in-8°.

Ploix et **Caspari.** — Météorologie nautique. Vents et courants. Paris, 1874; br. in-4°.

Poincaré (Lucien). — Recherches sur les électrolytes fondus. (Thèse.) Paris, Gauthier-Villars et fils, 1890; in-4°.

Pollard (J.) et **Dudebout (A.).** — Architecture navale. Théorie du navire. Paris, Gauthier-Villars et fils, 1890-1892; 3 vol. in-8°.

Popp (Victor). — Transport et distribution de la force motrice par l'air comprimé. Système appliqué à Paris par la Compagnie parisienne de l'air comprimé. Rapports de M. *J. François* et du professeur *A. Riedler*. Paris, Chaix, 1888-1889; 3 br. in-4°.

— L'unification et la distribution de l'heure à domicile (Horloges pneumatiques). Paris, Gauthier-Villars et fils; br. in-8°.

Popper (Josef). — Die physikalischen Grundsätze der Electrischen Kraftübertragung. Eine Einleitung in das Studium der Elektrotechnik. Wien, Pest, Leipzig, A. Hartleben, 1888; in-4°.

— Ueber die Vorausberechnung der Verbrennungsoder Bildungswärme bei

Knallgas und anderen Gasgemengen (Extr. *Akad. der Wissensch. in Wien*, 1889); br. in-8°.

Potier (A.) et **Cornu (A.).** — Vérification expérimentale de la loi de Verdet dans les directions voisines des normales aux lignes de forces magnétiques (Extr. *Comptes rendus des séances de l'Académie des Sciences*); br. in-4°.

Potier, Allard, Le Blanc, Joubert et **Tresca (H.).** — Expériences faites à l'Exposition d'électricité. — Méthodes d'observations. Machines et lampes à courant continu. Lampes à incandescence. Accumulateur. Transport électrique du travail. Machines diverses. Paris, Gauthier-Villars, 1883; 1 vol. in-8°.

Pouillet-Muller's. — Lehrbuch der Physik und Meteorologie. Braunschweig, Fr. Vieweg und Sohn, 1856-1858; 7 fasc. in-8°.

Proceedings of the Physical Society of London. — Années 1875 à 1892; 18 vol. in-8°.

Proceedings of the Royal Society of Edinburg. — T. X, 1878-1880 à t. XIV, 1886-1887 et t. XVII, 1889-1890.

Proceedings of the Royal Society of London. — Vol. XXIV, 1875-1876 à vol. L, 1891-1892.

Proceedings of the Royal Dublin Society. — Années 1877 à 1890; in-8°.

Proceedings and Transactions of the Nova Scotian. — Institute of natural Science of Halifax, Nova Scotia, vol. VII, 1888-1889, Part III et IV, 1889-1890; in-8°.

Raffard (N.-J.). — Les yachts de courses. Paris, Chaix, 1891; br. in-8°.

Rayet. — Note sur l'histoire de la Photographie astronomique. Paris, Gauthier-Villars et fils, 1887; br. in-8°.

Raymond (G.). — Les grands centres d'action de l'atmosphère, leur influence sur le temps d'après les recherches de M. L. Teisserenc de Bort. Paris, Gauthier-Villars et fils, 1890; br. in-18.

Renard (le commandant Ch.). — Les piles légères (piles chlorochromiques) du ballon dirigeable *La France* (Extr. *Bibl. de la Revue de l'Aéron.*). Paris, Masson, 1890; br. in-4°.

Revue des Cours scientifiques. — Années 1878 à 1884 (1er semestre); 11 vol. in-8°.

Revue de l'Aéronautique théorique et appliquée. — Paris, Masson, année 1888-1889; 1 vol. in-4°.

Revue générale des Sciences pures et appliquées. — Publiée par M. *Louis Olivier*, t. I à III, 1890-1892; in-8°.

Reynier (Émile). — Les accumulateurs électriques étudiés au point de vue industriel. Paris, Michelet, 1885; br. in-8°.

— Les voltamètres régulateurs zinc-plomb. Renseignements pratiques sur l'emploi de ces appareils. Paris, Baudry et Cⁱᵉ, 1889; br. in-8°.

— Piles électriques et accumulateurs. Recherches techniques. Paris, Michelet, 1884; 1 vol. in-8°.

— Traité élémentaire de l'accumulateur voltaïque. Paris, Baudry, 1888; 1 vol. in-8°.

— La traction électrique par accumulateur appliquée aux tramcars de Paris (Extr. *Électricien*, 1883); br. in-8°.

— Sur une locomotive à accumulateurs, agencée et construite par M. Clovis Dupuy; br. in-8°.

Rivière (Ch.). — Problèmes de Physique et de Chimie, à l'usage des élèves de Mathématiques spéciales. Paris, Nony et Cⁱᵉ, 1889; 1 vol. in-8°.

Rodary (F.). — Application de l'électricité aux chemins de fer. Cours professé à l'École supérieure de Télégraphie. Paris, Vᵛᵉ Dunod, 1886; br. in-8°.

Roig y Torrès (R.). — Memoria acerca de la primera expósicion internacional de electricidad celebrada en Europa. Barcelone, 1885; br. in-8°.

— Contribucion al estudio de la fonografia (Extr. *Cronica cientifica*, 1880); br. in-8°.

Roiti (Antonio). — Determinazione della resistenza ellettrica di uno filo in misura assoluta (*Nota preliminare*). Pise, Salvioni, 1885; br. in-8°.

— Di un ellettrocalorimetro e di alcune misure fatte con esso intorno al generatore secondario Gaulard et Gibbs. Pise, Salvioni, 1885; br. in-8°.

— Elementi di Fisica. Libro di testo per i Licei. Firenze, Lemonnier, 1880; 1 vol. in-16.

— L'ellettrocalorimetro confrontato col termometro di Riess. Pise; Salvioni, 1885; br. in-8°.

— Metodo per determinare la capacità d'un condensatore in misura assoluta (Extr. *Atti del R. Istituto veneto*, t. II, 6ᵉ série; br. in-8°.

Roiti (A.) et Pasqualini (L.). — Osservazioni continue della ellettricità atmosferica fatte a Firenze nel 1884. Seconda Memoria (Extr. *R. Istituto di studi superiore pratici e di perfezionamento in Firenze*, 1885); br. in-8°.

Romanese et Bellati (M.). — Sulla dilatazione e sui calori specifici e di trasformazione dell' azotato ammonico (Extr. *Atti R. Ist. veneto*, 6ᵉ série, t. VI); br. in-8°.

— Proprietà termiche notevoli di alcuni ioduri doppi. Ricerche fisiche (Extr. *Atti R. Ist. veneto*, 5ᵉ série, t. VI); br. in-8°.

— Sul calore di trasformazione da uno ad altro sistema cristallino dell' azotato potassico (Extr. *Atti R. Ist. veneto*, 6ᵉ série, t. III); br. in-8°.

Romilly (F. de). — Étude sur l'entraînement de l'air par un jet d'air ou de vapeur (Extr. *Comptes rendus des séances de l'Académie des Sciences*, 1875); br. in-8°.

Rood (O.-N.). — Description of a Photometer (Extr. *American Journal*, july 1883); br. in-8°.

Royer (Clémence). — La constitution moléculaire de l'eau sous les trois états physiques et les propriétés des gaz d'après une nouvelle hypothèse (Extr. *Assoc. pour l'avancement des Sciences*, Congrès de Paris, 1889); br. in-8°.

— *Rudolph Clausius* et ses travaux (Extr. *Revue britannique,* nov. 1888); br. in-8°.

Rozier (l'abbé). — Observations et Mémoires sur la Physique, sur l'Histoire naturelle et sur les Arts et Métiers. Années 1773 à 1793 et supplément aux années 1778 et 1782; 23 vol. in-4°.

— Introduction aux observations sur la Physique, sur l'Histoire naturelle et sur les Arts. 1777; 2 vol.

Ruelle (Ch.-Ed.) et **Berthelot.** — Collection des anciens alchimistes grecs. Publiée sous les auspices du Ministère de l'Instruction publique. Paris, Steinheil, 1881; 1 vol. in-4°.

Rysselberghe (F. van). — Téléphonie internationale. Rapport sur les expériences faites aux États-Unis d'Amérique; br. in-8°.

Sabine (Robert). — Some electrical experiments with crystalline selenium (Extr. *Phil. Mag.*, 1878); br. in-8°.

— On a Wedge and diaphragm photometer (Extr. *Phil. Mag.*, 1883); br. in-8°.

Salcher (Dr Peter). — Das Klima von Fiume. Abbazia nach meteorologischen Beobachtungen. Fiume, 1883; br. in-8°.

— Eine Aenderung am Weber' schen Magnetometer (Extr. *Beiblätter*, 1883); br. in-8°.

Salleron (J.). — Étude sur la température d'ébullition des spiritueux et sur le dosage de l'alcool au moyen de l'ébullioscope. Paris, Salleron, 1876; br. in-8°.

Sautter et **Lemonnier.** — Éclairage électrique du cuirassé *le Richelieu*. Paris, Chaix, 1884; br. in-8°.

— La lumière électrique dans les usines. Installation faite aux ateliers Cail, à Paris (Extr. *Électricien*, 1884); br. in-8°.

Schultze-Berge. — Ueber die Elektricitätserregung beim Contact von Metallen und Gasen (Thèse, 5 nov. 1880). Berlin, Hermann, 1880; br. in-8°.

Schwedoff (Th.). — Qu'est-ce que la grêle? Saint-Pétersbourg, 1881; br. in-8°.

— Théorie mathématique des formes cométaires. Odessa, Ulrich, 1879; 2 br. in-8°.

— Les configurations de la grande comète de 1882, a, prédites d'après la théorie des ondes cosmiques. Odessa, 1882; br. in-4°.

Schumann (J.). — Untersuchungen von Amalgamen. Inaugural-Dissertation zur Erlangung der Doctorwürde der philosophischen Facultät der Friedrich-Alexanders Universität zu Erlangen. Leipzig, J.-A. Barth, 1891; br. in-8°.

Schweigger (J.-S.-C.). — Ueber die optische Bedeutsamkeit des am elektromagnetischen Multiplicator sich darstellenden Princips zur Verstärkung des magnetischen Umschwungs; br. in-4°.

Sebert (H.). — Notice sur l'intégromètre Marcel Deprez et le planimètre Amsler (Extr. *Mémorial de l'Artillerie de la Marine*, t. XVIII, 1875); br. in-8°.

— Notice sur les appareils Marcel Deprez pour la mesure des pressions des gaz de la poudre (Extr. *Mémorial de l'Artillerie de la Marine*, t. X, 1875); br. in-8°.

— De la résistance de l'air sur les projectiles, d'après les expériences d'Athanase Dupré sur l'écoulement des fluides (Extr. *Mémorial de l'Artillerie de la Marine*, t. VII, 1874); br. in-8°.

— Du calcul des trajectoires, d'après les expériences de M. Bashforth sur la résistance de l'air (Extr. *Mémorial de l'Artillerie de la Marine*, t. IX, 1874); br. in-8°.

— Sur la mesure des pressions développées par les gaz de la poudre (Extr. *Publication de la Réunion des officiers*, 1877); br. in-8°.

Secchi (P. Angelo). — Intorno ad alcune opere idrauliche antiche rinvenute nella campagna di Roma (Extr. *Accad. Pontificia de' Nuovi Lincei*, 1876); br. in-8°.

— Prodromo di un catalogo fisico delle stelle colorate (Extr. *Mem. della Soc. degli Spettr. italiani*, 1876); br. in-4°.

— Sulla pioggia osservata al collegio romano dal 1825 al 1871 (Extr. *Accad. Pontificia de' Nuovi Lincei*, 1875); br. in-4°.

Selwin (R.-C.) et **Dawson** (C.-M.). — Descriptive Sketch of the physical geography and geology of the Dominion of Canada (Extr. *Montreal-Dawson*, 1884); br. in-8°.

Sharp (David). — On New-Zealand coleoptera. With description of new genera and species (Extr. *The Sc. Trans. of the Roy. Dublin Soc.*, vol. III, 2° sér., 1886); br. in-4°.

Siemens (Werner). — Gesammelte Abhandlungen und Vorträge. Berlin, J. Springer, 1881); 1 vol. in-8°.

Sire (G.). — Le physicien Péclet. Discours prononcé à la séance publique de la Société d'Émulation du Doubs, le jeudi 15 décembre 1887, pour l'inauguration du buste de ce savant; br. in-8°.

Sissingh (R.). — Metingen over Kerr's verschijnsel bij Magnetisatie evenwijdig aan het spiegelend oppervlak. Amsterdam, J. Müller, 1891; in-4°.

Slouguinoff. — Zur theorie inconstanter galvanischer Elemente (Extr. *Repertorium fur experimental Physik*, t. XVI); br. in-8°.

Société française d'accumulateurs électriques. — Faure-Sellon-Volkmar. Instructions. Paris, 1890; br. in-8°.

Société industrielle d'Amiens. — Programme des questions mises au concours pour l'année 1884-1885; br. in-8°.

Société des Ingénieurs civils. — Mémoires et compte rendu des Travaux. Années 1874 à 1892; 19 vol. in-8°.

Société d'Encouragement pour l'Industrie nationale (Bulletin de). — Années 1889 à 1892; 4 vol. in-4°.

— Annuaire pour les années 1887 à 1892; 6 vol. in-18.

— Table générale des matières contenues dans les tomes I à X de la 3° série du *Bulletin*, comprenant les noms des auteurs mentionnés dans l'ouvrage et suivie de la Table générale des planches gravées et des dessins sur bois, 1874 à 1883 inclusivement. Paris, 1889; 1 vol. in-4°.

Société française de Physique. — Séances des années 1873 à 1892; 20 vol. in-8°.

Société de Biologie. — Comptes rendus des Séances et Mémoires. Paris, Delahaye, 1870-74; 4 vol. in-8°.

Société Physico-Chimique de Saint-Pétersbourg. — Comptes rendus des Travaux. Années 1876 à 1892; 16 vol. in-8°.

— Éclipse totale du Soleil du 7 au 19 août 1887 : Rapports des expéditions de la Société Physico-Chimique russe et Correspondances de la région d'éclipse totale, publiés par la Société; br. in-8° (en russe).

Somzée. — Notice sur la construction et l'assemblage de tuyaux pour conduite de gaz, d'eaux forcées, etc. Bruxelles, Lhoest et Coppens, 1879; br. in-8°.

— Notice sur un système d'hélice à mouvement angulaire pour faciliter l'évolution des navires et sur un système de joint de tuyaux. Bruxelles, Lhoest et Coppens, 1876; br. in-8°.

— Électricité. Note présentée à la Commission de l'Exposition d'Anvers. Bruxelles, Mertens, 1885; br. in-8°.

— Accumulateurs d'électricité. Affaire Faure-Somzée et Faure-Sellon-Volkmar-Somzée. Question de priorité. Bruxelles, Verteneuil, 1884; br. in-8°.

— Nouveau procédé d'éclairage électrique. Schaerbeek, Verteneuil, 1880; br. in-8°.

— Définition de la situation des brevets Somzée vis-à-vis de ceux de la Compagnie Faure-Sellon-Volkmar.

— Pile voltaïque. Bruxelles, Verteneuil, 1881; br. in-8°.

— Discussion de la réponse de M. Picard à la communication faite par M. Evrard sur les origines belges de la lampe à incandescence. Bruxelles, Verteneuil, 1886; br. in-4°.

— Voie de communication sous-marine entre l'Angleterre et la France. Bruxelles, Lhoest et Coppens, 1878; br. in-8°.

— Les collisions en mer et moyens de les éviter, 1868-1870-1887. Bruxelles, Mertens, 1887; br. in-4°.

— Appareils divers. Rapports (Extr. *Rapports des délégués belges sur l'Expos. int. de Paris en* 1881); 1 br. in-8°.

— Cuvelage de puits de mine à niveau plein. Liège, Vaillant-Carmanne, 1878; br. in-8°.

South Kensington Museum. — Catalogue of the special Loan collection of scientific apparatus, 1876. London, G.-E. Eyre and W. Spottiswode, 1877; third edition.

— Handbook to the special Loan collection of scientific apparatus, 1876. London, 1876; 1 vol. in-8°.

Spring (**W.**). — Note sur un nouveau dilatomètre différentiel. Bruxelles, Hayez, 1883; in-8°.

— Sur la dilatation des aluns (Extr. *Bull. de l'Acad. roy. de Belgique*); in-12.

Spring (**W.**) et **Aubel** (**Edmond van**). — Sur la vitesse de réaction du zinc plombé avec quelques acides, dans divers états de concentration et de température (Extr. *Bull. de la Soc. chim.*); br. in-8°.

Stoletow (**A.**). — Sur une sorte de courants électriques provoqués par les rayons ultra-violets (Extr. *Comptes rendus des séances de l'Académie des Sciences,* avril 1888); br. in-4°.

— Sur les courants actino-électriques au travers de l'air (Extr. *Comptes rendus des séances de l'Académie des Sciences,* juin 1888); br. in-4°.

— Suite des recherches actino-électriques (Extr. *Comptes rendus des séances de l'Académie des Sciences,* juillet 1888); br. in-4°.

Stoney (**G. Johnstone M. A.**). — On the cause of iridescence in clouds (Extr. *The Sc. Trans. of the Royal Dublin Soc.,* vol. III, série 1, 1887); br. in-4°.

— On Musical Shorthand (Extr. *The Proceedings of the Royal Dublin Soc.,* vol. VII, 1883); br. in-8°.

— On the Penetration of heat across layers of gas (Extr. *The Scient. Transac. of the Roy. Dublin Society,* vol. I, new., series, 1877; br. in-4°.

Stoney (**J.**) und **Stoney** (**G.**). — On the energy expended in propelling a bicycle (Extr. *The Proceed. of the Roy. Dublin Society,* 2ᵉ série, 1883; br. in-4°.

Tait (**Peter Guthrie**) und **Sir William Thomson**. — Treatise on natural Philosophy. Cambridge, at the University Press, 1879-1883; 2 vol. in-8°.

Teplow (H.).— Die Schwingungsknoten. Theorie der Chemischen Verbindungen (Aus dem Russischen übersetzt von **L.** Jaweins). Saint-Pétersbourg, 1872; br. in-4°.

Ternant (A.-L.). — Les Télégraphes. Paris, Hachette, 1881; 1 vol. in-16.

— Construction des càbles sous-marins (Extr. *Bull. de la Soc. scient. ind. de Marseille*); br. in-8°.

— Les Télégraphes. I. Télégraphe optique. Télégraphe acoustique. Télégraphe pneumatique. Poste aux pigeons. Paris, Hachette, 1884, 2° édit.; 1 vol. in-16.

— Télégraphie Duplex (Extr. *Ann. ind.,* 1873); br. in-8°.

— Pose des càbles télégraphiques sous-marins. Conférence faite à propos du càble de Barcelone (Extr. *Bull. de la Soc. ind. de Marseille*); br. in-8°.

— Réparation des càbles sous-marins (Extr. *Bull. de la Soc. ind. de Marseille*); br. in-8°.

— Température et composition des eaux de la Méditerranée (Extr. *Bull. de la Soc. ind. de Marseille,* 1873); br. in-8°.

— Les Téléphones. Marseille, Ternant, 1884; br. in-8°.

Terquem. — Sur les courbes dues à la combinaison de deux mouvements vibratoires perpendiculaires. Lille, Danel, 1877; br. in-8°.

— Capillarité (Extr. *Encyclopédie chimique,* publiée sous la direction de **M.** Fremy); br. in-8°.

— La Science romaine à l'époque d'Auguste. Étude historique d'après Vitruve (Extr. *Mém. de la Soc. des Sciences de l'Agr. et des Arts de Lille*). Paris, Alcan, 1885; br. in-8°.

Terquem (le Commandant). — Deuxième rapport sur la mesure et la vérification de la conductibilité des paratonnerres; br. in-4°.

Thalèn (Robert). — Sur le spectre du fer obtenu à l'aide de l'arc électrique (Extr. *Soc. roy. des Sciences d'Upsal,* 1884); br. in-4°.

Thiesen (M.). — Études sur la Balance (Extr. *Travaux et Mémoires du Bureau int. des Poids et Mesures,* t. V, II° Partie, 1886); br. in-4°.

— Theorie der Pendelartigen Schwingungen (Extr. *Akad. der Wissens. zu Berlin,* 1889); in-4°.

— Versuche über den Luftwiderstand (Extr. *Phys. Gesellschaft zu Berlin,* 1887); br. in-8°.

— Ueber die Ablesung von Normalbarometern und über haupt von grösseren Flüssigkeitsoberflächen (Extr. *Zeitschrift für Inst.,* 1886); br. in-4°.

— Ueber die Gesetze des Luftwiderstandes nach Versuchen mit dem Schelbach'schen Rotationsapparate (Extr. *Annalen der Phys. und Chemie,* 1885); br. in-8°.

— Untersuchungen über die Zustandsgleichung (Extr. *Annalen der Phys. und Chemie*, 1885); br. in-8°.

Thirion (L.-P.-J.). — Les illuminations crépusculaires (Extr. *Revue des Questions scientifiques*, 1884); br. in-8°.

Thomson (Sylvanus P.). — Les machines dynamo-électriques. (Traduction par E. Boistel.) Paris, Alcan, 1874; 1 vol. in-12.

— The development of the mercurial air pump. (Extr. *Journal of Society of Arts*, 1887); br. in-8°.

— Notes on some new polarizing prisms. (Extr. *Phil. Mag.*, 1886); br. in-8°.

Thomson (Sir William). — Mathematical and physical Papers. Collected from different scientific periodicals from may 1841 to present time, vol. I. Cambridge, at the University Press, 1882; 1 vol. in-8°.

— Reprint of Papers on electrostatics and magnetism (2ᵉ édition). London, Macmillan and Cⁿ, 1884; 1 vol in-8°.

Thomson (Sir William) and **Peter Guthrie Tait.** — Treatise on natural Philosophy. Cambridge, at the University Press, 1879 et 1883; 2 vol. in-8°.

Thore (J.). — Une nouvelle force? Première et deuxième Communication. Dax, J. Justère, 1887; br. in-8°.

Thoulet (J.). — Manuel d'analyse qualitative et quantitative au chalumeau, par H.-B. Cornwall, d'après les travaux de J.-B. Caswell, Dana, Berzélius, Plattner, Richter, Kobell, etc. Traduit sur la 2ᵉ édition américaine. Paris, Dunod, 1874; 1 vol. in-8°.

Thury. — Le cyclostat, nouvel instrument d'optique destiné à permettre l'observation des objets animés d'un mouvement de rotation rapide. (Extr. *Arch. des Sciences phys. et nat.*, février 1886); br. in-8°.

Tolmie (W. Fraser) und **Dawson (G.-M.).** — Geological and natural history survey of Canada : comparative vocabularies of the indian tribes of british Colombia. Montreal, Dawson, 1884; 1 vol. in-3°.

Thomlinson (Herbert). — The coefficient of viscosity of air (Extr. *Phil. Trans. of the Roy. Soc.*, 1886; vol. 177, Part II); br. in-4°.

— The influence of stress and strain on the physical properties of matter (Extr. *Phil. Trans. of the Roy. Soc.*, 1886; vol. 177, Part II); br. in-4°.

Tommasi (F.). — Le moteur hydro-thermique. Nouvel appareil destiné à transformer en travail dynamique, susceptible de très nombreuses applications, la chaleur contenue dans la vapeur d'échappement des cylindres à vapeur ordinaire. Paris, Walder, 1876; br. in-8°.

Tommasi (D.). — De l'utilisation comme énergie électrique de la force hydraulique perdue au barrage de Gileppe. Paris, Collombon et Brûlé; br. in-8°.

— Thermo-avertisseur. Paris, G. Tequi; br. in-4°.

— Traité théorique et pratique d'Electrochimie. Paris, Bernard et Cie, 1889; 1 vol. in-8°.

— De l'équilibre thermique dans les actions chimiques. Saint-Denis, Ch. Lambert, 1881; br. in-8°.

— Sull'equilibrio termico nelle azioni chimiche (Extr. *Riv. Sc. Ind.*, 1879); br. in-8°.

— Sull'azione della cosi della forza catalitica spiegata secondo la teoria termodinamica (Extr. *R. Istituto Lombardo*, 1878); br. in-8°.

— Ricerche fisico-chimiche sui differenti stati allotropici dell'idrogeno (Extr. *R. Istituto Lombardo*, 1877); br. in-8°.

— Éclairage des trains de chemin de fer par l'électricité combinée avec le gaz. (Extr. *Moniteur Industriel*, 1884); br. in-8°.

— Azione dei raggi solari sui composti aloidi d'argento. (Extr. *R. Istituto Lombardo*, 1878); br. in-8°.

— Sur l'électrolyse de l'eau distillée (Extr. *Comptes rendus des séances de l'Académie des Sciences*, 1882); br. in-4°.

— Sur l'électrolyse (Extr. *Comptes rendus des séances de l'Académie des Sciences*, 1882); br. in-4°.

Tornoë. — Sur quelques analyses chimiques faites pour le Bureau Int. des Poids et Mesures (Ext. des *Trav. et Mém. du Bureau int. des Poids et Mesures*, II° Part.; t. V, 1886; in-4°.

Touanne (G. de la). — Établissement d'une communication téléphonique entre Paris et Reims à l'aide des conducteurs téléphoniques existants (Extr. *Ann. Télég.*, 1886); br. in-8°.

Transactions of the Royal Society of Edinburg. Vol. XXXI à XXXIII, 1888-90; 3 vol. in-4°.

Tresca (Henri). — Ses œuvres recueillies et mises en ordre par ses fils Alfred, Édouard et Gustave Tresca. Comprenant : Notices sur les travaux scientifiques de M. Tresca. — Discours prononcé aux obsèques de M. Tresca. — Discours divers prononcés par M. Tresca. — Extr. *Comptes rendus des séances de l'Académie des Sciences*, relatifs à l'écoulement des corps solides. — Extr. *Comptes rendus des séances de l'Académie des Sciences*. Notes de M. de Saint-Venant relatives à la même question. — Extr. *Comptes rendus des séances de l'Académie des Sciences* relatifs à des questions de résistance des matériaux. — Extr. *Comptes rendus des séances de l'Académie des Sciences*. Mémoires divers. — Notes diverses sur la résistance des matériaux. — Notes diverses sur l'écoulement des corps solides. — Mémoire sur le rabotage. (Extr. *Recueil des Savants étrangers;* t. XXIV). — Rapports. — Discours et Communications faits à la Société d'Encouragement. — Rapports et Conférences sur l'enseignement technique. — Procès-verbaux des expériences de Mécanique faites au Conservatoire des Arts et Métiers (1861-1876). Extr. *Annales du Conservatoire.* — Rapports aux Expositions universelles (1867, 1873). — **Cours**

d'Hydraulique professé à l'École Centrale des Arts et Manufactures. — Cours de Géométrie descriptive.

Tresca (Henri), Allard, Le Blanc, Joubert et **Potier.** — Expériences faites à l'Exposition d'électricité. — Méthodes d'observations. — Machines et lampes à courant continu. — Lampes à incandescence. — Accumulateur. — Transport électrique du travail. — Machines diverses. Paris, Gauthier-Villars, 1883; 1 vol. in-8°.

Tricoche, Buchin et Cⁱᵉ. — Note sur la construction des paratonnerres. Paris, Chaix, 1887; br. in-8°.

Tripier (A.). — L'Électricité en Médecine. — Conférence à l'Exposition internationale d'Électricité de Paris, 1881 (Extr. *Bull. de Thérapeutique*, 1882); br. in-8°.

— Electrologie médicale. — Précis thérapeutique et instrumental. Paris, J.-B. Baillière, 1885; 1 vol. in-12.

Trouvé (G.). — Solution pratique de l'éclairage électrique domestique. Paris, Trouvé, 1883; br. in-8°.

— Signal avertisseur universel Trouvé à l'usage des canotiers; br. in-4°.

— Nouveau mode de construction de l'hélice (Extr. *Comptes rendus des séances de l'Académie des Sciences*, 1886); br. in-4°.

Tumlirz (O.). — Théorie électromagnétique de la lumière. Ouvrage traduit de l'allemand par M. Van der Mensbrugghe. Paris, A. Hermann, 1892; **br.** in-4°.

Turgan. — L'Exposition internationale d'Électricité (Ext. *Grandes Usines*, 1881); br. in-4°.

Vallot (H.). — Du mouvement de l'eau dans les tuyaux circulaires. Théorie de M. Maurice Lévy. Table pour le calcul des conduites (Extr. *Mém. des Ing. civils*, 1888); br. in-8°.

Van Aubel (Edmond). — Recherches expérimentales sur l'influence du Magnétisme sur la polarisation dans les diélectriques (Extr. *Bull. de l'Acad. royale de Belgique*, 1885); br. in-8°.

— Recherches sur la résistance électrique du bismuth (Extr. *Ann. de Chim. et de Phys.*, 6ᵉ série, t. XVIII, 1889); br. in-8°.

— Deux méthodes récentes sur la mesure de l'intensité des champs magnétiques (Extr. *Électricien*, 1889); br. in-8°.

— Quelques mots sur la transparence du platine et des miroirs de fer, nickel, cobalt obtenus par électrolyse. Bruxelles, F. Hayez, 1886.

— Sur la transparence du platine. Bruxelles, F. Hayez, 1886; in-8°.

Van Aubel (Edmond) et **Spring (W.).** — Sur la vitesse de réaction du zinc plombé avec quelques acides, dans divers états de concentration et de température (Extr. *Bull. de la Soc. chim.*); br. in-8°.

— 58 —

Van der Mensbrugghe (G.). — Contribution à la théorie du siphon (Extr. *Acad. Roy.*, t. XVII, 1889); br. in-8°.

— De l'énergie potentielle des surfaces liquides (Extr. *Ann. de l'Assoc. des Ing.*, 1885); in-8°.

— Notice sur S.-A.-F. Plateau (Extr. *Annuaire de l'Acad. royale de Belgique*, 1885); in-18.

— Petite expérience relative à l'influence de l'huile sur une masse liquide en mouvement (Extr. *Acad. Roy.*, t. XIV, 1887); br. in-8°.

— Sur une propriété générale des lames liquides en mouvement (Extr. *Bull. de l'Acad. Roy. de Belgique*, 1881); br. in-8°.

— Sur quelques phénomènes curieux observés à la surface des liquides en mouvement (Extr. *Bull. de l'Acad. roy. de Belgique*, 1879); br. in-8°.

— I. Application de la Thermodynamique à l'étude des variations d'énergie potentielle des surfaces liquides. Conséquences diverses (Extr. *Bull. de l'Acad. roy. de Belgique*, 1876).

— II. Application de la Thermodynamique à l'étude des variations d'énergie potentielle des surfaces liquides (Extr. *Bull. de l'Acad. roy. de Belgique*, 1876); br. in-8°.

— Nouvelles applications de l'énergie potentielle des surfaces liquides (Extr. *Bull. de l'Acad. roy. de Belgique*, 1879); br. in-8°.

— Sur les mouvements en apparence spontanés des bulles d'air dans les niveaux et des bulles vaporeuses dans les enclaves liquides des minéraux (Extr. *Bull. de l'Acad. roy. de Belgique*, 1877); br. in-8°.

— Voyages et métamorphoses d'une gouttelette d'eau. Lecture faite à la séance publique de la classe des Sciences du 16 décembre 1880 (Extr. *Bull. de l'Acad. roy. de Belgique*, 1880); br. in-8°.

— Sur une nouvelle application de l'énergie potentielle des surfaces liquides (Extr. *Bull. de l'Acad. roy. de Belgique*, 1878); br. in-8°.

— Sur l'instabilité de l'équilibre de la couche superficielle d'un liquide, Iʳᵉ et IIᵉ Partie (Extr. *Bull. de l'Acad. roy. de Belgique*, 1886); 2 br. in-8°.

— Quelques mots sur ma théorie du filage de l'huile (Extr. *Acad. roy. de Belgique*, t. XV, 1888); br. in-8°.

— Réflexions sur les principales théories capillaires. Annonce de la preuve théorique de l'instabilité de l'équilibre et de la couche superficielle d'un liquide (Extr. *Ass. pour l'avanc. des Sciences*, Nancy, 1886); br. in-8°.

— Sur la condensation de la vapeur d'eau dans les espaces capillaires (Extr. *Bull. de l'Ass. roy. de Belgique*, t. XIX; br. in-8°.

— Sur la propriété caractéristique de la surface commune à deux liquides soumis à leur affinité mutuelle. Bruxelles, F. Hayez, 1890; 2 br. in-8°. Première communication préliminaire. — Deuxième communication, même sujet. Bruxelles, F. Hayez, 1891; br. in-8°.

— Sur une particularité curieuse des cours d'eau et sur l'une des causes des crues subites. Bruxelles, F. Hayez, 1891; br. in-8°.

— Sur les actions verticales exercées par les ménisques capillaires des liquides (Extr. *Acad. roy. de Belgique,* 1884); br. in-8°.

— Sur les moyens d'évaluer et de combattre l'influence de la capillarité dans la densimétrie (Extr. *Acad roy. de Belgique,* t. XVI, 1888); br. in-8°.

— Sur les propriétés physiques de la couche superficielle d'un liquide et de la couche de contact d'un liquide et d'un solide (Extr. *Acad. roy. de Belgique,* t. XVII, 1889); br. in-8°.

— Sur quelques effets curieux des forces moléculaires au contact d'un solide et d'un liquide (Extr. *Acad. roy. de Belgique,* 1887); br. in-8°.

— Sur un genre particulier d'expériences capillaires (Extr. *Acad. roy. de Belgique,* t. XVIII, 1889); br. in-8°.

— Sur une nouvelle application de l'énergie potentielle des surfaces liquides (Extr. *Acad. roy. de Belgique,* 1878); br. in-8°.

Vanoni et Armengaud. — Visite à l'Exposition de Vienne, en 1883 (Extr. *Compte rendu de la Soc. des Ingén. civils,* 1883); br. in-8°.

Vaschy (A.). — Traité d'électricité et de magnétisme, théorie et application. Instruments et méthodes de mesures électriques. Cours professé à l'École supérieure de Télégraphie. Paris, Baudry, 1890; 2 vol. in-8°.

Vautier (Th.). — Recherches expérimentales sur la vitesse d'écoulement des liquides par un orifice en mince paroi. (Thèse). Paris, Gauthier-Villars et fils, 1888; in-4°.

Vautier et Violle. — Sur la propagation du son à l'intérieur d'un tuyau cylindrique (Extr. *Ann. de Chim. et de Phys.,* 1890); br. in-8°.

Verdet (E.). — OEuvres, publiées par les soins de ses élèves. Paris, Imprimerie nationale, 1872; 8 vol. in-8°.

Verhandlungen der physikalischen Gesellschaft zu Berlin. Berlin, G. Reimer, 1888 à 1891; 4 vol. in-8°.

Vimercati (G.). — Intorno alla prima idea delle caldaie tubolari (Extr. *Rivista Ind. di Firenze,* 1873); br. in-8°.

Violle (J.). — Cours de Physique. Paris, Masson, 1867, t. I et II; 2 vol. in-8°.

— L'œuvre scientifique de M. Edmond Becquerel. Leçon d'ouverture professée au Conservatoire des Arts et Métiers le 15 janvier 1892 (Ext. *Ann. du Conserv. des Arts et Métiers,* 1892); in-8°.

Violle et Vautier. — Sur la propagation du son à l'intérieur d'un tuyau cylindrique (Extr. *Ann. de Chim. et de Phys.,* 1890); br. in-8°.

Vivarez. — Des progrès récents réalisés dans la construction des lignes télégraphiques et téléphoniques. Paris, Chaix; br. in-8°.

Vulpian. — Statistique générale des personnes qui ont été traitées à l'Institut Pasteur, après avoir été mordues par des animaux enragés ou suspects (*Extr. Comptes rendus des séances de l'Académie des Sciences*, 1887); br. in-4°.

Wallon (E.). — Traité élémentaire de l'objectif photographique. Paris, Gauthier-Villars et fils, 1891; 1 vol. in-8°.

Warthmann (E.). — Le rhéolyseur compensé et le polyrhéolyseur (*Extr. Arch. des Sciences phys. et nat. de Genève*, 1884); br. in-8°.

Webb (F.-H.). — Rules and regulations for the prevention of fire risks arising from electrical lighting (*Extr. Soc. Teleg. eng. and electricians*, april 1888); br. in-8°.

Weber (H.-F.). — Die Entwickelung der Lichtemission glühender fester Körper (*Extr. Akad. der Wissenschaft. zu Berlin*, 1887); br. in-8°.

Weinberg (J.). — Der besänftigende Einfluss des Oels auf Wasserwellen (*Extr. Bull. de la Soc. imp. des nat. de Moscou*, 1881); br. in-8°.

Weiss (Georges). — Contribution à l'étude de l'électrophysiologie. (Thèse pour le Doctorat en Médecine). Paris, F. Pichon, 1889; br. in-8°.

— Technique d'électrophysiologie. Paris, G. Masson et Gauthier-Villars et fils 1892; 1 vol. petit in-8°.

West (Gratien). — Mémoire sur la gravitation, sur la cohésion et sur le distances entre les centres des molécules. Paris, 1874; br. in-4°.

— Statistique des volumes des équivalents chimiques et d'autres données relative à leurs propriétés physiques. Mémoire sur quelques questions moléculaires 1873; 1 volume in-4°.

— Mémoire sur l'emploi mécanique de la chaleur. 1 vol. in-4°.

— Mémoire sur la mesure de la chaleur. 1 vol. in-8°.

Wheatstone (Sir Charles). — The harmonic diagram; in-8°.

— The Scientific Papers. London, Physical Society, 1879; 1 vol. in-8°.

Wiedemann (Gustav). — Die Lehre von der Electricität. Braunschweig F. Vieweg und Sohn. 1882-1885; 5 vol. in-8°.

— Ueber das magnetische Verhalten der chemischen Verbindungen. (Thèse. Lipsiæ, Edelmann, 1876; br. in-4°.

— Sur les méthodes employées jusqu'à ce jour pour la détermination de l'ohm (*Extr. Ann. Télég.*, 1882); br. in-8°.

Wiedemann (E.). — Inhalt eines Gefässes in verschiedenen Abständen vom Erdmittelpunkte nach al Khàzini und Roger Baco (*Extr. Ann. der Phys. und Chemie*, t. XXXIX, 1890); br. in-8°.

— Ueber das Licht der Sterne nach Ibn al Haithan (*Extr. Wochenschrift für Ast. und Gegg.*, 1890); br. in-8°.

— Zum zweiten Hauptsatz der mechanischen Wärmetheorie (Extr. *Ann. der Phys. und Chemie*, t. XXXVIII, 1889); br. in-8°.

— Zur Geschichte der Brennspiegel (Extr. *Ann. der Phys. und Chemie*, t. XXXIX, 1890); br. in-8°.

— Ueber elektrische Entladungen (Extr. *Ann. der Phys. und Chemie*, 1891); br. in-8°.

— Zur Geschichte der Lehre vom Sehen (Extr. *Ann. der Phys. und Chemie*, t. XXXIX, 1890); b. in-8°.

— Zur Mechanik des Leuchtens (Extr. *Ann. der Phys. und Chemie*, t. XXXVII, 1889); br. in-8°.

— Optische Notizen : 1° Ueber die Farbe des Iodes; 2° Fluorescirende Dämpfe (Extr. *Ann. der Phys. und Chemie*, 1890); br. in-8°.

— Sur les mouvements à l'intérieur des corps qui produisent la luminosité (Extr. *Arch. des Sciences phys. et nat. de Genève*, 1891); br. in-8°.

Wiedemann (E.) et Ebert (H.). — Ueber elektrische Entladungen (Extr. *Ann. der Phys. und Chemie*, t. XXXVI, 1889); br. in-8°.

— Ueber elektrische Entladungen (Ext. *Der Phy. med. Soc. der Erlangen*, 1892); br. in-8°.

Wild. — Beobachtungen über atmosphärische Niederschläge für das Jahr 1883; br. in-4°.

Witz (Aimé). — De la méthode et des théories de la Physique moderne (Extr. *Revue des Questions scientifiques*). Bruxelles, Polleunis et Ceuterick, 1891; br. in-8°.

— Cours de manipulations de Physique. Préparation à la Licence. 2ᵉ édition. Paris, Gauthier-Villars, 1883; vol. in-8°.

— Études sur les moteurs à gaz tonnant. Paris, Gauthier-Villars, 1884; br. in-8°.

— Les moteurs à gaz (Extr. *Revue technique de l'Expos. Univ. de* 1889). Paris, Bernard, 1890; br. in-8°.

— Accumulateurs électriques (Extr. *Soc. ind. du nord de la France*, 1887); br. in-8°.

— Les progrès de la Physique de 1878 à 1888 (Extr. *Compte rendu des Travaux bibl. inst.*). Paris, Société Bibliographique, 1888; br. in-8°.

— Rapport sur les progrès de la Physique de 1878 à 1888; br. in-8°.

— Les unités de puissance. Cheval-vapeur, Kilowatt et Poncelet (**Extr.** *Soc. ind. du nord de la France*, 1890); br. in-8°.

— Pouvoir calorifique du gaz d'éclairage (Extr. *Ann. de Chimie et de Phys.*, t. VI, 1885); br. in-8°.

— Procès-verbal d'expériences faites sur un moteur de 100 chevaux indiqués au gaz Dowson et parallèle entre les moteurs à gaz et les machines à vapeur de même puissance. Paris, Courtier, 1890; br. in-4°.

— Production et vente de l'énergie électrique par les stations centrales (Extr. *Soc. ind. du nord de la France*). Paris, E. Bernard et Cie, 1888; br. in-8°.

— Traité théorique et pratique des moteurs à gaz. Paris, Bernard et Cie, 1889; vol. in-12.

— Réponse à quelques objections contre l'action de la paroi dans les moteurs à gaz (Extr. *Soc. ind. du nord de la France*, 1886); br. in-8°.

Wolf (C.). — Les hypothèses cosmogoniques : Examen des théories scientifiques modernes sur l'origine des mondes, suivi de la traduction de la Théorie du Ciel, de Kant. Paris, Gauthier-Villars, 1886; vol. in-8°.

Wroblewski (**Sigmund von**). — Ueber das specifische Gewicht des flüssigen Sauerstoffs (Extr. *Ann. der Phys. und Chemie*, 1883); br. in-8°.

— Ueber die Darstellung des Zusammenhanges zwischen dem gasförmigen und flüssigen Zustande der Materie durch die Isopyknen (Extr. *Ann. der Phys. und Chemie*, 1886); br. in-8°.

— Ueber das Verhalten der flüssigen atmosphärischen Luft (Extr. *Ann. der Phys. und Chemie*, 1885); br. in-8°.

— Ueber den electrischen Widerstand des Kupfers bei den höchsten Kältegraden (Extr. *Ann. der Phys. und Chemie*, 1885); br. in-8°.

— Ueber den Gebrauch des siedenden Sauerstoffs, Stickstoffs, Kohlenoxyds sowie der atmosphärischen Luft als Kältemittel (Extr. *Ann. der Phys. und Chemie*, 1885); br. in-8°.

Wroblewski (**S. von**) **et Olszewski** (**K.**). — Ueber die Verflüssigung des Sauerstoffs, Stikstoffs und Kohlenoxyds (Extr. *Ann. der Phys. und Chemie*, 1883); br. in-8°.

Wullner (**Dr Adolph**). — Lehrbuch der experimentalphysik. Leipzig, B.-G. Teubner, 1870-1872; 4 vol. in-8°.

Wundt (**Dr W.**). — Traité élémentaire de Physique médicale. Traduit par le Dr F. Monoyer. Revu et augmenté par le Dr Arm. Imbert. Paris, Baillière, 1884; 1 vol. in-8°.

Wünschendorff. — Traité de Télégraphie sous-marine. Historique, composition et fabrication des câbles télégraphiques. Immersion et réparation des câbles sous-marins. Transmission des signaux. Exploitation des lignes sous-marines. Paris, Baudry, 1888; 1 vol. in-8°.

— Les machines du service pneumatique au nouvel Hôtel des Postes, à Paris (Extr. *Ann. Télég.*, 1886); br. in-8°.

— Relation des opérations effectuées en 1880-1881 pour la réparation du câble Marseille-Alger, de 1871 (Extr. *Ann. Télég.*, 1887); br. in-8°.

Zavaglia (Seb.). — Barometro a peso, manometro regolatore e fornello a petrolio. Firenze (Extr. *Tipog. dell Associazione,* 1873); br. in-8°.

Zehnder (L.) und **Hagenbach (Ed.).** — Die Natur der Funken bei den Hertz'schen elektrischen Schwingungen (Extr. *Verhandlungen der Naturforschenden Gesellsch. in Basel,* t. IX, 1891). Basel, J.-G. Baur, 1891; br. in-8°.

Décembre 1892.

18059   Paris. — Imprimerie GAUTHIER-VILLARS ET FILS, quai des Grands-Augustins, 55.